El Despertar de la Conciencia de un Líder

Power Publishing Learning Systems™

OTROS LIBROS POR ELBIA QUIÑONES CASTILLO

Citas para Engalanar tu Oratoria

El Comunicador Completo

Maestro de Ceremonias

Liderazgo Dondequiera

El Poder de la Oratoria

Trilogía

Elbia Quiñones Castillo

Derechos de Autor

El despertar de la conciencia de un líder

Relevo de responsabilidad. El lector no debe considerar las recomendaciones, ideas y técnicas expresadas y descritas en este libro como absolutas. Este material de referencia está sujeto a la discreción del lector y de su riesgo. Utilice el libro como una guía práctica. Los cuestionarios y formularios del libro son guías de reflexión.

Crédito especial al escritor y autor Rubén Huertas por su colaboración en las siguientes lecciones de liderazgo: *Mi amiga la adversidad y La fragilidad humana.*

Crédito especial tanto al señor Pedro Ruidíaz por la foto de la autora de la página completa como a PixaBay.com y Pexels.com por fotos (CCO) de algunas lecciones. El resto de las fotos fueron adquiridas en Canstock.com. Las fotos de los entrevistados fueron suministradas por ellos. No se reclaman derechos de autor sobre las mismas.

© 2021 Elbia Quiñones Castillo y Power Publishing Learning Systems™

Todos los derechos reservados. Las características tipográficas y de edición de esta obra son propiedad de la casa editora y de Elbia Quiñones Castillo. No está permitida su reproducción parcial o total sin autorización por escrito de la casa editora.

Power Publishing Learning Systems™
PO Box 593
Caguas, PR 00726
info@powerpublishingpr.com
www.powerpublishingpr.com

AZ DP 23 22 21 07 06 21

ISBN 978-0-9961067-9-5 (Tapa Blanda)

Este libro se lo dedico a todos los líderes cuya conciencia humana hace que otras personas crezcan y evolucionen con carácter y empatía, para que brillen con luz propia y se mantengan con fuerza desarrollándose.

De igual forma, al mundo, a nuestra amada Tierra porque tuvo que sanar y persistir junto con sus habitantes para enfrentar la feroz batalla contra la pandemia del COVID-19 durante el año más esperado...el 2020.

Finalmente, a la tripulación civil de la misión privada, *Inspiration4*, que despegó mediante el cohete Falcon 9 de SpaceX el 15 de septiembre de 2021 para orbitar la Tierra durante tres días, lo que implica que en un futuro cercano más civiles, como tú y como yo, podremos acercarnos al espacio para tener nuevas oportunidades de vivir y de explorar los principios reales y universales de liderazgo.

"Parte de la habilidad de liderar a la nación, no tiene nada que ver con legislación, no tiene nada que ver con regulaciones, tiene que ver con apretar la mano de la gente, moldeando la cultura y aumentando la conciencia".

—Barack Obama

Tabla de Contenido

Introducción	xiii
Parte 1: Lo Inesperado del Liderazgo	**1**
Perdoné a mis carceleros	3
Mi amiga la adversidad	7
Necesito un minuto para desahogarme	15
A la expectativa	19
La fragilidad humana	23
Parte 2: La Fuerza de tus Palabras	**29**
Le hablo a Puerto Rico	31
Si todo el mundo fuera como yo	39
Ejercicio sobre estilos de comportamientos	51
Agujeros en el corazón	57
38 x 148	61
Cuida tu sombra	65
Formulario Círculo de Solidaridad /Conciencia	69
Parte 3: Reflexiona con Conciencia	**71**
Diseño perfecto	73
¿Quién eres tú?	81
La bombilla del 401	87
Formulario Compromiso Rendición de Cuentas	91

Tu tiempo se acabó	93
¿Cuál es tu verdadero rostro?	99
El callejón de la retirada	107
*Herramienta de análisis de problemas y causas	116
Ahí viene la llamarada	119
Zapatos con honor	125
Miss...por fin salió de la baticueva	137

Parte 4: Entrevistas — 143

Rubén Huertas: La semilla del liderazgo	145
Carlos Gómez: Toda crisis tiene lecciones de vida	159
Carlos M. Benítez: Entre mentores y amigos se desarrolla el liderazgo	171
Bernardita López: Somos uno con el mundo	183
Leonardy Hernández: Lo pequeño que somos en este mundo	197
Ivelisse Figueroa: La ética y la empatía en el liderazgo	205
Dr. Ramón A. Gadea: No se puede hacer medicina sin sentirse humano	213

Mensaje final	225
*Formulario Tu mesa de liderazgo	235
Referencias	237
Bibliografía	255
Índice	265
Conoce a la autora	277
Material Educativo	283
Colofón	303

Introducción

Tenía 13 años cuando recibí una invitación muy especial, una invitación que por el resto de mi vida cambió la manera en que respondería a los llamados de liderazgo. En octubre del '78, llegó a mis manos una revista. Justo en el centro había una hoja de suscripción que decía: "Por un módico precio de 99¢ recibirás seis libros". ¿Cómo podría rechazar dicha invitación si me encantaba devorar libros? Llené la hoja con emoción y me convertí en miembro del famoso y ensalzado club de libros llamado Doubleday®.

Detrás de esa suscripción había algo más...mucho más. Había una editora, promotora de la educación, constructora de las palabras. Era la famosa Jacqueline L. Kennedy Onassis, la flamante y fascinante dama de las gafas largas que elevaba la conciencia humana con sus palabras de acción.

Jacqueline tenía una consigna de vida que rezaba de esta manera: "Cada cierto tiempo, nosotros tenemos que hacer algo por nuestras almas". Fue esa consigna la que me hizo abrazar el liderazgo desde el colegio con los voluntariados, la mentoría en la universidad, denunciar el discrimen en grupos de la fuerza laboral, desarrollando programas para equipar líderes en distintas industrias y ahora, como autora y escritora en mi etapa de adulta madura transmitiendo el mensaje de transformación que se vive en la piel a través de servir a los demás.

Por eso, en este libro comparto historias del proceso de transformación de líderes organizacionales, líderes familiares, líderes activistas y líderes globales que con su paso han evolucionado el mundo, de manera consciente, un líder a la vez. También, encontrarás el lado oscuro y sin conciencia de líderes que han socavado la dignidad humana como un contraste entre lo que eleva la conciencia y lo que no.

Asimismo, encontrarás entrevistas de líderes con un llamado muy especial al servicio de los demás al igual que distintos formularios y reflexiones que podrás aplicar en cualquier aspecto de tu vida y de tu ámbito laboral.

Te invito a que transformes el mundo a través de esta reflexión intencionada que te provee este libro. Este es nuestro tiempo de servir como líderes y de solidificar un mejor futuro para las próximas generaciones, con educación, carácter, conciencia empatía y honradez.

Muchas bendiciones,

Elbia Quiñones

Parte I

Lo Inesperado del Liderazgo

Perdoné a mis carceleros

Fue torturado en una prisión de Cuba durante el mandato del rebelde Fidel Castro. Fue encerrado vilmente como un perro salvaje por defender sus derechos humanos. Ahora, con su fascinante sonrisa, te cautiva cuando escuchas esta profunda e inquietante frase: *"Perdoné a mis carceleros para vivir en paz. Soy un hombre feliz"*.

Conocí a Orlando en un adiestramiento, precisamente, sobre cómo manejar nuestras emociones de manera inteligente. Cuando contó un rasgo de su historia, quedé deslumbrada. Me intrigó su fortaleza mental, su amor por la vida y su vasta capacidad humana para perdonar. En mi cerebro comenzó a desarrollarse una lluvia de reflexiones, era como si un asteroide se hubiera hecho pedazos en mi mente. Con ese fin, surgieron preguntas como estas:

1. ¿Cómo era posible que este ser pudiera perdonar a sus carceleros, luego de sufrir tanto?

2. ¿Cómo nace el perdón en estas circunstancias?

3. ¿Qué se siente perdonar durante este duro proceso de vivir y sobrevivir a la vez?

4. ¿Cómo me siento humana si mis emociones están alteradas, quebrantadas y tengo poca esperanza para sobrevivir, para pensar en el futuro?

5. ¿Cómo torno en paz interior la ira, la rabia y el deseo de castigar a aquellos que truncaron y violaron mi autonomía personal en un momento tan crítico del ciclo de mi vida?

6. ¿Por qué este acto de perdonar podría convertirse en el acto de valentía más grande de mi vida?

Estas son parte de esa serie de reflexiones y preguntas que se originaron, no solo cuando escuché su historia, sino con las reacciones maravillosas de las personas que lo rodeaban al observar una espléndida y calurosa sonrisa que nos regaló Orlando mientras hablaba de sus carceleros. Nunca olvidaré su sonrisa y su convicción de devolver a estos el perdón. Fue una gran lección de valor y liderazgo.

Al igual que esta inusual historia de perdón para sentirse uno en paz y libre, me topé con otra férrea historia de lucha humana que también hace un llamado al perdón en el camino de la evolución de un líder. Se llama Irene Villa, periodista, escritora, conferenciante, deportista élite y sicóloga española quien a la edad de 12 años perdió sus piernas y varios dedos de una de sus manos. Esto provocado por un atentado terrorista en Madrid de la organización nacionalista vasca ETA (Villa,

2020a). Los que perpetuaron este acto tenían como objetivo asesinar a su madre, funcionaria que preparaba identificaciones y pasaportes en una comisaría. Ese día, ella estaba con Irene en el auto cuando explotó una vil y grotesca bomba la cual dejó a ambas mutiladas y desmembradas, pero vivas. Ese día hasta su padre al conocer que estaba en coma y que los médicos no sabían si tendría una vida llena de sufrimientos ante el difícil estado en que se encontraba, perdió su actitud de luchar por ella y pensó que era mejor que todo esto terminara (Villa, 2020b). Los médicos no le hicieron caso y gracias a sus cuidados se salvó.

Cuenta el escritor y economista español, Fernando Trías de Bes (El País Semanal, 2017) que coincidió con Irene Villa en un evento empresarial en el cual luego de su exposición, uno de los participantes le preguntó a esta si realmente había perdonado a los que cometieron ese acto terrorista, por lo que ella de manera confiada aseveró *"que perdonar llevaba a romper con el lazo de quien te había hecho daño. Si no perdonas, te mantienes conectada al delincuente; no obstante, si perdonas, rompes el lazo que tenías y esto te hace libre"*. Qué fuerza tiene señalar lo que representa el acto de perdonar para seguir caminando con paz en nuestra vida.

Asimismo es muy acertada la postura de Trías de Bes cuando reconoce y cito: *"el liderazgo solo es posible cuando uno puede mirar hacia el futuro sin la ira del pasado"*. Un líder debe tener la capacidad de perdonarse a sí como perdonar a otros que lo han lastimado para dar paso a la libertad.

Mi amiga la adversidad

Colaboración de Rubén Huertas

Mi amiga la adversidad ha sido responsable por la mayor parte de mi crecimiento en la vida. Después de mucha introspección he descubierto que son los momentos más retantes de mi vida los que con más cariño recuerdo. Escribió Napoleón Hill en su libro "Las Leyes del Éxito", que toda adversidad trae consigo una semilla igual o mayor en tamaño a la adversidad que se está atravesando. Indiscutiblemente esto es cierto. Mientras más grande es la adversidad, más grande nuestra educación como resultado de la misma.

La adversidad es también un indicador de aquellas áreas que tenemos que mejorar. Si no sintiéramos la adversidad, no progresaríamos. Progresar requiere adversidad. Si no tuviéramos que movernos de donde estamos hoy, no tendríamos necesidad de la adversidad. La adversidad es progreso. Cuando aprendemos a hacernos amigos de la misma, nuestra vida comienza a ser más fácil. A veces podemos evitar la adversidad, otras veces es imposible esquivarla.

Cuando la adversidad viene vestida de mala salud, es muy difícil deshacerse de ella. En algunas ocasiones, la mala salud es algo que no podemos evitar. No obstante, la mayoría de las veces, esta representa malas decisiones del pasado y es un indicador de que tenemos que hacer algunas correcciones por el camino si deseamos terminar bien. Lo mismo ocurre en los negocios y nuestra vida profesional. La adversidad a veces viene vestida de problemas en la economía. Sin embargo, la mayoría de las veces es el resultado de pobres decisiones de negocio o carencia de mejores destrezas y habilidades profesionales.

Es por eso que todo líder tiene que aprender a identificar de dónde exactamente viene la adversidad y cómo reparar la misma. La vida siempre nos ofrece señales. La adversidad es un mensaje, una comunicación de que algo no está bien. No obstante, es ahí donde tenemos que demostrar nuestro carácter y asegurarnos de que el mismo nos ayuda a forjar nuestro destino. Mientras mejores preparados estemos, más fácilmente lograremos superar la adversidad. Una vez escuché a un orador decir que hay que practicar tanto, que la presentación real parezca un descanso. Lo mismo ocurre con la vida. Los oradores de crecimiento personal se dedican al oficio de vivir y enseñar a otros lo mismo.

La adversidad es siempre un buen punto de partida. La mayoría de las veces, hasta que alguien no encuentra dificultad en su vida, no está preparado para incursionar en un programa de crecimiento personal que lo lleve a superar su realidad. Vemos esto particularmente en el ámbito de la salud. Cuando la gente se enferma a tal grado que su vida se ve en peligro, entonces comienzan a realizar cambios drásticos para superar su condición. Cambios que pudieron haber sido efectuados mucho antes. Algunos se convierten hasta en fanáticos. Antes comían de todo y ahora cuentan hasta la más mínima caloría y leen todas las etiquetas para asegurarse de que lo que consumirán es aceptable. Van aún más allá; quieren que usted haga lo mismo y se convierten en personas cuya presencia no es agradable.

De igual manera ocurre con aquellos que han vivido una vida descuidada espiritualmente hablando y de repente tienen una experiencia que los lleva a convertirse en fanáticos religiosos. Entonces desean que usted también se convierta. Estas personas piensan en lo más profundo de su corazón que están en lo correcto y no ven que muchas veces, hacen más daño que bien. Su fanatismo los ha segado. Con esta lección de la adversidad queremos traer a la atención del lector el tema para que este lo considere y se prepare para manejarla adecuadamente. Sin fanatismos. No es cuestión de si usted experimentará adversidad o no; sino, cuándo le llegará. Siempre tendremos momentos de adversidad, pero si logramos que esta se convierta en nuestra amiga, podremos más positivamente lidiar con ella.

Una de las mejores maneras para prepararnos para la adversidad es a través de las experiencias de otros. En vez de esperar que todo nos ocurra, debemos procurar aprender de otras personas que han pasado por diferentes adversidades y las han superado de manera exitosa. Esta es una de las razones por la cual los empresarios más exitosos del mundo se dedican a leer las biografías de otros empresarios exitosos y sus vidas. Las biografías son una de las mejores maneras de aprender sobre la adversidad sin tener que ser nosotros los que tenemos que manejarla. No son tantos los tipos de adversidad que encontramos en la vida. Si fuéramos a categorizar las diferentes adversidades, descubriríamos que no son tantas y casi siempre son las mismas. Lo que ocurre es que en el momento en que las experimentamos en nuestra vida, se sienten dos cosas; primero sentimos que somos los únicos que estamos atravesando por lo mismo, segundo, sentimos que la adversidad es tan grande que muchas veces dudamos si seremos capaces de superarla.

Mientras más haya crecido la persona a nivel emocional, mayor equipado estará para lidiar con la adversidad. Es fácil entender cómo mediante la lectura de biografías, podemos recibir la adversidad y tener una mejor idea de cómo manejarla.

Interactuar con personas que han sufrido adversidad es también una buena manera de aprender a lidiar con la misma. Cuando hablamos con personas que han superado su adversidad ocurren dos cosas: primero, la persona se siente escuchada sobre un tema que en un momento significó algo grande en su vida; segundo, adquirimos ideas de cómo manejar la situación si nos ocurriera a nosotros en algún momento. En el primer caso, fortalecemos nuestra relación con la otra persona, en el segundo caso, nos fortalecemos a nosotros mismos y nos equipamos para superar esa adversidad en particular o mejor aún ayudar a un tercero a superar la suya.

Recuerdo una conversación que tuve en una ocasión con un exitoso empresario. Este me narró su historia y cómo en muy poco tiempo había logrado adquirir una gran fortuna. En menos de dos años logró amasar una fortuna de sobre 10 millones de dólares. Luego expandió su negocio a otros países y su fortuna se multiplicó aún más. Empero, sufrió un revés de salud y no pudo continuar expandiendo su negocio. Afortunadamente, la fortuna que había amasado hasta el momento era suficiente como para permitirle vivir por el resto de su vida.

Tomábamos té en el estudio de su casa mientras me relataba su historia. Me indicó que en su afán por amasar la mayor fortuna posible en el menor tiempo posible cometió varios errores que hoy día son importantes porque no se ocupó de equipar a su gente de manera tal que esto pudieran continuar creciendo el negocio sin su presencia. En otras palabras, su empresa se convirtió para él en un trabajo. Trabajo muy bien remunerado, pero al fin y al cabo, un trabajo, no una empresa con vida propia.

Él era su empresa y su empresa era él. Después de varias horas de conversación, mientras a su vez él giraba su mirada hacia la pantalla grande de su televisor, para ver el juego de baloncesto que estaban transmitiendo, aunque el volumen estaba en cero, retiró un manual de su escritorio y me dijo las siguientes palabras: "Después de más de 10 años de introspección aquí he escrito mi nuevo plan de negocio por si en algún momento fuera a crear otra empresa. Todas las adversidades han sido contempladas, corregidas y los errores que causaron que mi imperio no se haya expandido aún más están aquí detallados".

Mi amigo se hizo amigo de la adversidad y ahora está en una posición ventajosa para entrar nuevamente en el mundo de los negocios. Entonces me dijo: "Toma el plan, yo tengo otra copia. Asegúrate de que los principios y estrategias aquí descritas son seguidos al pie de la letra en cualquier cosa que quieras hacer en la vida".

Hasta el día de hoy, he seguido sus consejos y utilizo su plan como manual de referencia para mi negocio y los negocios que solicitan mi asesoramiento.

El valor de la introspección de mi amigo ha sido incalculable en mi vida. A través de los años he aprendido que son los principios, los fundamentos, los valores y las leyes universales lo que debemos darnos a la tarea de dominar en la vida. Independientemente del negocio, industria o era en que nos encontremos existe cierta manera de hacer las cosas que garantiza el éxito. La tecnología cambia. Uno de los mantras de los negocios es "que mientras más cambian las cosas, más tenemos que dominar aquello que no cambia". Invito al lector a que aproveche cada adversidad en su vida como un trampolín hacia el éxito. Son dichas lecciones las que nos impulsan a volar cada vez más alto.

Es por eso que todo líder tiene que aprender a identificar de dónde exactamente viene la adversidad y cómo reparar la misma. La vida siempre nos ofrece señales de adversidad, es un mensaje, una comunicación de que algo no está bien.

Sin embargo, es ahí donde tenemos que demostrar nuestro carácter y asegurarnos de que el mismo nos ayuda a forjar nuestro destino.

—Rubén Huertas

Necesito un minuto para desahogarme

Era una tarde navideña muy agitada cuando llega una gerente a mi oficina con un rostro hecho pedazos. Me dice: *"Necesito un minuto para desahogarme"*. Se sentó en el área que llamamos el confesionario y comenzó a desahogarse.

Ese día las cosas no andaban bien: su equipo rechazaba las instrucciones que compartía, no deseaban escucharla. Se inventaban excusas para justificar que la información para ejecutar los trabajos no la recibían puesto que el correo electrónico no funcionaba o que la internet estaba lenta. La realidad era otra: sus mentes no estaban enfocadas y desde hace mucho tiempo, la estaban boicoteando y desgastando.

Luego de desahogarse, por más de un minuto, reflexioné en este planteamiento: ¿cómo se maneja la comunicación cuando está fraccionada o distorsionada? Acaso, ¿podría crearse un espacio neutral para escuchar al otro cuando este no lo desea?

El Padre Jean Rolex dice que *"cada día trae lo suyo"* y nos pregunta: *¿tienes alguna garantía de que mañana estarás vivo?* Por eso, cada día tenemos el gran reto de entendernos y restaurar los canales de comunicación.

Cuando te encuentres en una situación de caos o que te desvaneces como la gerente que solicitó un minuto para desahogarse en el confesionario, recuerda que no existe un mal que dure cien años y que necesitas que tus pensamientos estén despejados para evaluar con luz la decisión que debes tomar.

Como líderes, sabemos que habrá contratiempos; a pesar de ello, debemos anticiparlos. En las reuniones de equipos de trabajo, acostumbro a preguntar: ¿qué es lo peor que podría pasar con este proyecto y podemos anticiparlo? Decía el virtuoso pianista y compositor polaco, Frédéric Francois Chopin: *"Toda dificultad eludida se convertirá más tarde en un fantasma que perturbará nuestro reposo"*.

Para evitar que una dificultad sea eludida mientras lideramos, es nuestro deber reflexionar sobre estos dos asuntos vitales:

1. ¿Soy responsable también de que la comunicación se haya quebrantado? ¿Tuve ceguera selectiva mientras los miembros del equipo gritaban a voces que algo no funcionaba? ¿Cuánto contribuimos todos a esta situación? ¿Me proyecté tenso y con estrés al tratar de comunicarme con ellos?

2. Por otro lado, ¿tengo jugadores de pobre desempeño al grado que ya intoxicaron al resto del equipo y necesito tomar una decisión contundente sobre su camino actual en la organización?

Menciona George J. Thompson en *Verbal Judo (2013)* que la mayoría de las personas necesitan un porqué para hacer las cosas. No obstante, existen en las organizaciones personajes llamados comadrejas (wimps) que no preguntarán por estos motivos, no se enfrentarán abiertamente y boicotearán lo que hagas y expreses como líder.

Por eso, manejar este tipo de empleados es la parte más difícil y compleja para que los equipos de trabajo y el resto de la organización coexistan.

Te invito a que evalúes el grado de resistencia que existe en la comunicación emocional de tus equipos o de tu familia, la fuerza de las oposiciones y conflictos y lo que esperas subsanar con empatía, dignidad y respeto por los demás mientras el ego lo dejas encerrado en un cajón.

Sé que esto te ayudará a tener un proceso claro para estabilizar tus pensamientos. Es probable, además, que necesites más de un minuto para desahogarte y relajarte. Cada reto en tu vida requiere de un proceso auténtico de reflexión, de introspección y de tiempo para expansionarte.

A la expectativa

Mi madre, María Lucía, nos contó una vez que mi amorosa abuela, Ana Rosa, cumplía de modo riguroso las órdenes que impartía su madre Saturnina sin importar qué impacto estas podrían ocasionarle.

Desde muy joven le había ordenado a mi abuela, que durmiera con enaguas, puesto que si ocurría un terremoto podría escapar de manera veloz. Durante 75 años durmió con esta pieza, esperando por un terremoto que nunca sucedió en su pueblo y que nunca afectó su vida.

Con una abuela tan vivaracha, conocer esta dimensión tan inusual fue desconcertante. Ella tenía control de sí, alegre, jovial, amada por todos y llena de un caudal de esperanzas y de historias excitantes. No lo podía creer. ¿Qué podía sentir cada noche al acostarse mientras pensaba que un cataclismo podía suceder alrededor de ella? ¿Por qué atentó contra la libertad de vivir a sus expectativas?

Aprendí del médico, escritor y terapeuta argentino, Jorge Bucay que nos sentimos verdaderamente humanos, conscientes y libres, cuando somos capaces de concedernos, por lo menos, cinco libertades:

1. Se concede a sí el permiso de estar y ser quien es en vez de creer que otro determinará dónde debería estar o cómo debería ser.

2. Se concede a sí el permiso de sentir lo que siente en vez de sentir lo que otros sentirían en su lugar.

3. Se concede a sí el permiso de pensar lo que siente al igual que el derecho de decirlo o callarse, si quiere.

4. Se concede a sí el permiso de correr los riesgos que decide correr con la única condición de aceptar pagar el precio de tomarlo.

5. Se concede a sí el permiso de buscar lo que cree que necesita del mundo en vez de esperar a que alguien más le otorgue el permiso para obtenerlo.

Si mi adorada abuela se hubiera dado el permiso para correr los riesgos que deseaba tomar, no hubiera invertido su tiempo en pensar que un cataclismo dormía con ella cada día. Hubiera sido más feliz de lo que realmente era. Cuando lo enlazamos con el liderazgo del siglo XXI, nos preguntamos lo siguiente: ¿qué esperan los seguidores, los allegados y el círculo de influencia de su líder?, ¿cuáles podrían ser sus expectativas y perspectivas?

Nos guía en este camino de expectativas el gran filósofo griego, Platón, quien propuso que las naciones deberían ser gobernadas por reyes filósofos o individuos altruistas dedicados a la búsqueda de la justicia y el aprendizaje. Una vez este lograra adquirir un cierto grado de sabiduría mediante el estudio y la reflexión, buscaría inspirar a los gobernados a perseguir igualmente la virtud *(Arnold, 2020)*. Son expectativas muy distintas a las clásicas de conocer meramente los principios organizacionales y legislativos, sino de elevar la conciencia colectiva.

Por otro lado, los seguidores esperan que su líder maneje lo siguiente, según dispuesto en Sutra 24: *"Que con amabilidad, supere la ira; con generosidad, supere la mezquindad y con la verdad, supere la decepción"*. Que maneje las emociones para que pueda tomar decisiones justas mientras su cerebro trata de sacudirlo y cegarlo para ser mezquino.

De igual manera, sostiene Alain Hunkins en una entrevista realizada por Rodger Dean Duncan para *Forbes (2020)* que *"el liderazgo es una relación entre el líder y quien lo sigue. La calidad de esta relación se basa en la calidad de la conexión entre ellos. Los líderes se centran en su gente primero; no en las tareas"*.

Cada uno de nosotros podría tener una expectativa de lo que espera de sí, de lo que espera del otro y de lo que se espera del líder. A pesar de ello, cuando está en juego el liderazgo y el bienestar de quienes nos siguen como líderes es imperativo hacerlo mejor.

La fragilidad humana

Colaboración de Rubén Huertas

Martes 8:00pm. Un amigo me llama para ofrecerme un referido de negocios. Me indica que en su iglesia hay un señor que necesita mis servicios profesionales. Me solicita que lo llamara el próximo día en la mañana para fijar una cita.

Miércoles 8:00am. Llamo al prospecto referido por mi amigo para coordinar la cita. Este me pregunta si podemos reunirnos ese mismo día. Le indico que no es posible porque ya tenía la agenda comprometida, pero que si gusta nos podemos reunir el próximo día jueves temprano en la mañana. Fijamos la cita para el próximo día, jueves a las 8:00 am, en su oficina.

Jueves 7:45am. Llego a las oficinas del prospecto. Voy acompañado también de otros compañeros de oficina quienes me ayudarán con este caso. El cliente comienza a contarme la historia de su negocio y la razón por la cual necesita mis servicios profesionales. Habló durante aproximadamente dos horas sin nosotros poder intervenir mucho. Luego procedimos a visitar dos de los negocios que tenían que ver con la razón por la cual solicitó nuestra asistencia. Resulta que aunque sus negocios siempre habían sido muy exitosos, la reciente situación económica lo estaba afectando y se le había hecho imposible cumplir con sus obligaciones financieras. Este señor era un hombre de campo, criado con principios y valores sólidos. El tipo de persona que puede hacer cualquier tipo de negocio con un apretón de manos. Durante su niñez le enseñaron que la palabra era sagrada y el no poder cumplir con sus obligaciones financieras le causaba un gran malestar. Había intentado todo lo que conocía para resolver su situación sin éxito alguno. Cuando le comenta su situación a su amigo de la iglesia, este lo refiere a nuestras oficinas para asesoría.

En realidad su situación era muy común. En ese entonces el país estaba atravesando una de las peores recesiones económicas de su historia. Lo suficientemente fuerte como para causarle depresión a cualquiera. Dicen que la diferencia entre una recesión económica y una depresión económica es que cuando el problema afecta a otros es una recesión; pero, cuando el problema nos afecta a nosotros, es una depresión. Esto era ciertamente el caso con nuestro referido quien ya se había convertido en nuestro amigo. No poder pagar sus cuentas y cumplir con sus responsabilidades según acordado era lo peor que le podía pasar. De cierto modo, representaba para él haber perdido su masculinidad y con ello su identidad. Visitamos el primero de los negocios que deseaba mostrarnos y ahí lo escuchamos por varias horas más. Era como si su válvula de escape estuviera abierta ese día. Nosotros comentábamos un poco, pero en realidad, nuestro amigo necesitaba desahogarse. Nos hablaba de todo un poco. Nos mostraba su negocio y comentaba que él mismo lo había creado para su hija quien cursaba estudios universitarios de administración de empresas y deseaba que cuando terminara tuviera su propio negocio para administrar.

Afortunadamente, cuando lo creó se encontraba en una situación económica privilegiada donde podía hacer esto por ella, a quien amaba con todo el alma. Ella era lo que más amaba en la vida. Una noche, tiempo antes de comenzar a operar su propio negocio y después de haber trabajado para completar las prácticas de una de sus clases, su hija perdió la vida en un accidente automovilístico. Esto fue sumamente devastador para su padre quien le cambió el nombre al negocio por el de su hija y durante cierto tiempo lo operaron, pero nunca fue lo que habían proyectado.

La única razón para continuar operando el negocio es porque ya estaba establecido. Pero faltaba la razón principal del mismo: su hija. Sin su hija, en realidad nada de eso tenía sentido. Por lo tanto el negocio subsistió pero nunca tuvo abundancia. Ahora inmersos en una recesión económica, todos sus negocios sufrían un golpe difícil de aguantar. Esa era la razón de nuestra cita de negocios. Ayudarle con su situación.

Ya eran casi las 3:00 de la tarde y todavía no habíamos entrado en los detalles de cómo exactamente podíamos asistirle. Decidimos regresar a la oficina y hablar concretamente sobre los detalles. Descubrimos que existían ciertos préstamos que estaban atados a estos negocios cuyos pagos se estaban realizando tarde y este mes no tenía los fondos para realizar ninguno de ellos.

Le comentamos al ahora cliente que aunque esta situación era muy difícil, particularmente para personas con un alto sentido de responsabilidad como él, la misma era muy común y que haríamos las gestiones necesarias para establecer una conversación con las instituciones bancarias y comenzar a manejar la situación de una manera proactiva. Hasta entonces, no habían hablado con nadie en el banco, excepto por los oficiales de cobro. Lo que necesitaba el cliente era establecer un plan de pago que se ajustara a su realidad del momento. Este tipo de gestión la realizamos frecuentemente y existen muchos mecanismos financieros que facilitan alcanzar un acuerdo mutuamente beneficioso.

La mayoría de las personas en algún momento atraviesa problemas financieros y existen herramientas financieras para manejarlos. Si la adversidad financiera es permanente hay que recurrir a otros recursos, pero situaciones temporeras como las de nuestro cliente, son mucho más fáciles de resolver. Nos despedimos acordando contactar a las personas correspondientes para ayudarle con su situación.

Viernes 3:00pm. Llamé al cliente y no estaba disponible. Le comuniqué a su secretaria que ya habíamos coordinado citas con los contactos adecuados para comenzar las conversaciones y manejar su situación. Le comenté a la secretaria que le dijera al cliente que no se preocupara que todo iba a estar bien y que íbamos a resolver su situación.

Lunes 2:30pm. El cliente me llamó y me indicó que recibió mi mensaje de parte de su secretaria y que también quería agradecerme por el tiempo que le dedicamos el jueves y por haberle escuchado por tanto tiempo. Se disculpó por haber hablado tanto y me agradeció las gestiones que estábamos realizando. La llamada fue muy corta, pero llena de esperanza y agradecimiento.

Martes 2:00pm. Recibí una llamada comunicándome que el cliente se suicidó. La vida es muy frágil. Ese día todo se detuvo para mí. Fue como si de repente hubiese entrado en un espacio donde el tiempo no existía. Un espacio color gris, un espacio sin sonido, un espacio sin aire, donde el único habitante era yo.

Comencé a recrear en mi mente todo lo ocurrido la semana anterior y tratar de identificar si existía una manera por la cual este suicidio se hubiese evitado. Me sentí como si yo fuera un doctor y un paciente se me hubiese muerto en el cuarto de operaciones. Mi corazón se desgarraba mientras pensaba en todo ocurrido y el dolor tan fuerte que tenía que estar permeando en la familia de nuestro amigo. Traté de imaginar qué tipo de desesperación y desilusión puede llevarte a quitarte la vida. Cómo algo puede ser tan doloroso que la misma muerte aparente ser más dulce. Cuán pesada puede ser la carga para tomar tal decisión. Qué exactamente pasa por tu mente en ese momento final cuándo se toma esa decisión. Preguntas a las cuales todavía no he encontrado ninguna respuesta. Lo que sí sé es que como líderes tenemos que hacer el mayor esfuerzo posible por mantenernos conectados con nuestra gente y entender la fragilidad humana.

Tzu-Kung preguntó: "¿Hay una sola palabra que pueda ser una buena guía para toda la vida?"

El Maestro dijo: "Es quizás la palabra *she*. No impongas a los demás lo que tú mismo no deseas".

— Confucio

Parte II

La Fuerza de tus Palabras

Le hablo a Puerto Rico

En una de las sesiones del taller de oratoria extrema para corredores de bienes raíces, del verano caliente de 2012, solicitamos a los integrantes del taller que presentaran un discurso titulado *Le hablo a Puerto Rico* desde el fascinante monumento histórico, El Morro.

Esta presentación tenía dos propósitos: evaluar cómo podían manejar la audiencia inesperada de turistas y locales (grado de confianza) mientras lo ofrecían al igual que evaluar el desarrollo del contenido de su mensaje. Este debía instar a las próximas generaciones a luchar por Puerto Rico, en tiempos de crisis. Ese día también compartí un mensaje, que sin saberlo, tiene mayor relevancia mientras nos adaptamos a la realidad del COVID-19 en nuestro diario vivir. El marco de sus palabras era el siguiente:

<<En tiempos de desafíos el pueblo demanda una nueva visión, una nueva decisión. Les pido a cada uno de ustedes que formen parte de esta nueva visión y sean muy valientes. Compañeros, tenemos la capacidad de hacer de esta generación de líderes la mejor en Puerto Rico. Si somos fuertes, nuestra palabra levantará el espíritu de lucha que se requiere para combatir la indiferencia hacia

los más necesitados. Que sea nuestra palabra la que llene de esperanza y compasión a los marginados, a los huérfanos y abandonados en esta isla.

Que sea nuestra palabra la que una padres con hijos, hermanos con hermanas, padres con abuelos y promueva la libertad para que se apaguen las llamas de la discordia en cada rincón de esta tierra borincana.

Como líderes, les pido que nunca abandonemos la integridad y no fallemos a las personas que creen en nosotros. Que vivamos siempre inspirados por el buen juicio. Aquí desde el majestuoso Morro, aceptemos nuestra responsabilidad para trabajar por un mejor futuro. Luchemos por ser la generación de líderes que despierte la revolución de la esperanza en Puerto Rico. Seamos parte de la nueva visión>>.

Este mensaje lleva a la reflexión de cómo un líder maneja las crisis y los desafíos porque requiere la colaboración de distintos equipos que sean lo suficientemente equilibrados para manejar las variables desconocidas y desconcertantes en tiempos en que el mundo tiene hambre de líderes coherentes y orientados al bienestar de la humanidad.

El Dr. Ramón Emeterio Betances, abolicionista, médico de los pobres, promotor del movimiento de la libertad en Puerto Rico y en el resto del Caribe, profesaba un rico pensamiento delineado por la unión. Por lo que tomo un extracto de su discurso **Las Antillas para los antillanos** [Haití, 1872] para ilustrarlo: *"Las Antillas atraviesan hoy por un momento que* *jamás han atravesado en la historia: se les plantea ahora la cuestión de ser o no ser. Rechazamos este dilema. Es este el instante preciso de obrar en una defensa unida. Unámonos los unos con los otros para nuestra propia conservación".*

Esta invitación parece fácil de aceptar; sin embargo, en tiempos de crisis, ¿qué elementos mínimos esperan los colaboradores de ti como líder para poder desempeñarse efectivamente como equipos?

1. Estudies la realidad con profundidad para reducir la ignorancia al igual que las amenazas y los daños (mental, físico, económico, familiar, ambiental) que pudieran generarse, a consecuencia de la crisis.

2. Permitir que se empoderen los que están más cerca de la acción para tomar las mejores decisiones. Sostiene el Dr. John C. Maxwell que *"demuestra madurez emocional cuando se activa el poder de elegir"*. Este poder afectará tanto el presente como el futuro, no la historia del pasado.

3. El trabajo en equipo debe incrementarse con datos, lo que permite a todos tomar decisiones inteligentes. Una compañía debe abrazar para esto la diversidad y la inclusión hacia la inteligencia colectiva con una variedad de voces e ideas. El liderazgo concentrado en el culto de una sola personalidad está muerto. (Tutuk, 2021).

4. Ofrezcas retroalimentación sobre la situación, no contra los miembros del equipo. Que surja el *pensamiento divergente,* uno en el que la creatividad

alcance la solución del problema mediante estrategias que se desvían de lo común, no de estrategias viejas que ya no aplican.

5. Proveas los canales y la frecuencia para definir la comunicación presencial o virtual desde las llamadas, los mensajes de textos, el uso de las plataformas virtuales sin sobrecarglos. De igual modo, puedan programarse hasta los descansos por bloqueo. Por otro lado, que proveas la forma de evaluarte como líder en tu desempeño al dirigir la crisis.

Afirma el expresidente uruguayo, José Mujica, en una cápsula para Deutsche Welle que *"el coronavirus es brutalmente globalizador. Se ha dado el lujo de pegarle a todo el mundo, más allá de ideologías, de clases sociales"*. Dentro de esta crisis global, se ha destacado que se plantee cuán seguros se sienten los equipos y sus miembros, respecto al aspecto de la salud mental y cuán libres se sienten de compartir lo que les pasa.

En un estudio publicado por Oracle junto con Workplace Intelligence (octubre 2020) de 12,347 participantes de 11 países, entre las edades de 22 a 74 años, el 82% determinó que los *robots* pueden apoyar mejor a la salud mental que los humanos puesto que no juzgan, no están contaminados y proveen respuestas más rápidas a sus preguntas de salud mientras que un 76% consideró que las compañías deben hacer más para proteger la salud mental de su fuerza laboral.

Mientras a nivel mundial existen imparables equipos de recuperación de sus operaciones diarias ante esta cruel pandemia, vemos el contrapeso de la extenuación y del riesgo abominable de la salud mental como es el caso de la *cultura 996* (trabajar 9:00 a.m. a 9:00 p.m. - 6 días en la semana sin descansos programados), en muchos sectores tecnológicos y de entregas en China. Se ha evidenciado de innumerables empleados que han perdido la vida, por infartos y por suicidios deliberados. (Infobae, 2021).

Asimismo, hemos sido testigos de que esta crisis ha alterado el equilibrio mental de atletas destacadas y de alto rendimiento como la tenista japonesa Naomi Osaka y Simone Biles cuyas respectivas intervenciones en el French Open y en las Olimpíadas de Tokío en el 2021 lograron presentar y desnudar ante el mundo los efectos reales de la desincronización entre el autocuidado y la salud mental. Ante ello, las crisis son medios inusuales para que los líderes creen zonas de aportación en todos los aspectos funcionales y operacionales, incluyendo el cuidado mental de una sociedad como afirma el empresario Rubén Huertas.

Por último, Gareth Tennant, exdirector de Inteligencia Operacional de los Royal Marines, experto en el manejo de crisis en el Medio Oriente afirmó durante una entrevista para C_NCENTRATE, que *la responsabilidad prioritaria durante la crisis es hacia la gente: los empleados, los socios, los suplidores, los clientes y al final, las finanzas de las organizaciones. Debe crearse una cultura de aprendizaje para que todos puedan contribuir a la transformación, innovación y adaptación de la misma. No se puede pensar solo en modo de supervivencia.* **Le hablo a Puerto Rico** es ciertamente este llamado.

MANIFIESTO DE LOS SEGUIDORES PARA UN LÍDER

Protégenos, somos tus seguidores.
No nos desampares en las crisis.
Abre el camino para el crecimiento al igual que el camino que nos ayuda a entender nuestros fracasos
y nuestras luchas.

protege, además, nuestra salud emocional y mental.

Alienta nuestra curiosidad y nuestra creatividad, no alejes al que explora caminos nunca antes conocidos porque este te llevará a enfrentar nuevas maneras de hacer las cosas en los momentos más inesperados.

Ten calma para pensar y respirar en aquellos momentos difíciles.
No te precipites al punto
que todos nos estrellemos por no pensar con claridad.

ENTENDEMOS, POR OTRO LADO,
QUE OTRAS DECISIONES DEBERÁS TOMARLAS
CON RAPIDEZ Y AGILIDAD.

RECONOCE PARA ESTAS
NUESTRO APOYO INTENCIONAL
PORQUE SOMOS TUS SEGUIDORES.

PERMÍTENOS PREGUNTAR ABIERTAMENTE
CUANDO SOLO PERMEA
LA INCERTIDUMBRE Y LA ANSIEDAD
DE LO QUE SERÁ NUESTRO FUTURO.

FACILITA LA DIVERSIDAD Y LA INCLUSIÓN
DE PENSAMIENTOS Y DE PERSONAS.

NO ESCONDAS LAS MALAS NOTICIAS,
COMPÁRTELAS PARA QUE JUNTOS PODAMOS
ADAPTARNOS A UN FUTURO RETANTE Y LLENO
DE NUEVAS OPORTUNIDADES.

DÉJANOS APORTAR,
AUNQUE TODO PAREZCA OSCURO
EN ESTE JUSTO MOMENTO.

¡Si todo el mundo fuera como yo!

Si todo el mundo fuera como yo, el mundo sería mejor... Esto es lo que la mayoría de las personas piensa de sí, sobre todo, los líderes. La realidad es que todos somos distintos, todos reaccionamos de una manera diferente ante las personas. Tratar de acomodar y ajustar al resto de la humanidad a mi manera de ser es lo que produce el quebrantamiento de las comunicaciones entre las parejas, los matrimonios, los amigos, los compañeros presenciales o virtuales de trabajo y hasta en la comunidad global de líderes mientras evalúan cómo tomar decisiones.

En la película *The Accountant* (2016), Christian Wolff recibe un inesperado enunciado de su padre: *"Lo diferente siempre asusta a las personas"*. Partiendo de esta premisa, si lo diferente asusta, ¿cómo podemos unirnos y sentirnos bien unos con los otros mientras todos somos distintos? El magistral cantante, compositor y activista social Bob Marley en su canción *One Love* apelaba a este mismo llamado. ¿Es tan fácil manejar las relaciones humanas? ¿Cómo podemos entender a los demás sin cambiar sus comportamientos?

Cuando hablamos de los ambientes de trabajos, esta forma de ver la realidad desde mis ojos trastoca puntualmente la productividad y la manera en que puedo influenciar a los demás. Por eso, es vital comprender uno de los elementos que conforma nuestra personalidad: el *temperamento*. Este representa nuestra predisposición natural de reaccionar ante una persona, cosa o evento. Influye en todo lo que hacemos desde nuestros hábitos de dormir, hábitos de pensar, hábitos de estudio, nuestros enfoques de vender, comer y actuar ante las decisiones, cómo manejamos nuestros enojos y nos calmamos, cómo atacamos a los demás en algunos momentos hasta cómo nos comunicamos de manera saludable con la gente. Conocer mi temperamento y ser capaz de observar y analizar los temperamentos de los demás, me ayudará a maximizar mi potencial de crecimiento al igual que maximizar el potencial de las otras personas que son parte de mi entorno.

Para comprender este asunto humano, el Dr. William Moulton Marston, un prolífico sicólogo, inventor del primer prototipo funcional del detector de mentiras, creador del personaje de Wonder Woman (Mujer Maravilla) y escritor de historietas, desarrolló la teoría del modelo DISC, según se desprende en su libro *Emotions of Normal People* (1928). Este modelo nos ayuda a comprender el comportamiento natural humano observado.

La observación se enfocaba en la intensidad de la energía, el autocontrol de las emociones (precursor de la inteligencia emocional) y la motivación ante un ambiente favorable o desfavorable que experimentaba la persona de manera frecuente. Con el tiempo, el Dr. Walter Vernon Clarke, con quien el mismo Marston colaboró, desarrolló la primera herramienta (Análisis de Actividad Vectorial) para medir los cuatro factores descritos por su amigo. En los '70, el Dr. John G. Geier, desarrolló la autoevaluación (test) que se utiliza actualmente. En resumen, estos son los cuatro indicadores de comportamiento humano:

(D) Dominio - cómo una persona maneja los problemas y cómo responde ante los retos. Manejo de riesgo, competición, oposición y enfrentamiento.

(I) Influencia social - cómo una persona intenta influenciar o persuadir a los demás. Manejo de la extraversión, la afectuosidad y la socialización.

(S) Estabilidad - mide la velocidad o el paso de una persona ante los cambios. Manejo de la calma, la paciencia y la paz.

(C) Cumplimiento - cómo una persona responde a las reglas establecidas por otros. Manejo de la conformidad, la sumisión, la fidelidad y la obediencia.

La individualidad humana es un misterio complejo e interesante. Todos somos diferentes y reconocerlo nos facilita que se manejen las necesidades e intenciones de las otras personas, de un modo responsable y abierto. Para entender la comunicación y cómo colaborar juntos, es necesario reflexionar en este asunto: ¿qué características debemos conocer para que de modo consciente sean mejores las relaciones y seas más efectivo como líder?

Conforme a los fundamentos de Marston y del sicólogo Alfred Adler, presento las siguientes características generales de los cuatro estilos de comportamientos:

Extrovertidos (activos)

Dominante: exigente, competitivo, ambicioso, pionero, lógico, decisivo, responsable. No se retira de los retos o del caos. Se rige por el plan definido. No puede ser mejor observador, tiene que ser el centro de lo que está pasando.

Motivado por: nuevos desafíos y proyectos, libertad para actuar, poder y autoridad. Mucha energía y mucho movimiento físico. Le encanta demostrar su fuerza.

Ambiente ideal: tareas no rutinarias, sin supervisión y pocos detalles, innovación. Orientado a las tareas y resultados (racional). Poco interés social.

Para mejorar: su agresividad, impaciencia, intolerancia e inflexibilidad. Demasiado estrés le provoca enfermedades estomacales e intestinales. Pobres destrezas de escuchar, argumenta de manera abrupta.

Lema: *"No me hagas perder el tiempo. Ve al grano".*

Influyente: sociable, optimista, confiado, persuasivo, verbal, popular. De acuerdo con Adler, de pequeño fue el que menos estuvo expuesto al sentimiento de inferioridad y a fuertes irritaciones, por eso, ama la vida.

Motivado por: libertad de procedimientos y normas, popularidad, aceptación.

Ambiente ideal: camaradería, espacio para expresar sus ideas, actividades grupales, libertad de controles y detalles. Se abruma por los detalles. Pierde su interés y atención si no se les permite expresarse.

Para mejorar: muy indiscreto, impulsivo, precipitado y olvidadizo. Humor variable.

Orientado a las personas (emocional). Gustan llamar a las personas utilizando nombres cortos o cambiados (María es Mary, Lorenzo es Lore, Elbia es Elbis)

Lema: *"No estoy para datos. Quiero celebrar"*.

Reservados (pasivos)

Equilibrado: cooperativo, conservador, leal, relajado, paciente, predecible. Le gusta servir a los demás. No se impresiona por nada. Podría aparentar que tiene un caparazón; pero, es muy sensitivo.

Motivado por: seguridad y protección, reconocimiento por su lealtad y confiabilidad.

Ambiente ideal: armonía en los equipos, pocas confrontaciones, procedimientos prácticos. Podría resistirse

Para mejorar: le toma tiempo tomar alguna acción, es difícil reconocer si algo le gusta o no, de primera intención se retracta cuando hay confrontaciones o cambios dramáticos en los procedimientos o tecnologías.

Orientado a las personas (emocional).

Lema: *"Soy muy discreto. No me preguntes"*.

Cumplidor: cauteloso, calculador, estable, con tacto, tradicional, regido por sistemas. Pocas veces permite que las emociones alteren y fundamenten sus decisiones. Se inclina a pensar más en él que los demás. Muy indeciso (lo hago o no lo hago en este momento).

Motivado por: tareas detalladas, mucha información y organización, poca interacción social y alta calidad.

Ambiente ideal: constante confirmación de lo que se espera de su trabajo y rol, pocas confrontaciones, tareas técnicas y especializadas y muchos procedimientos.

Para mejorar: pesimista, poco sociable, se comunica en el pasado - reclama mucho, se retracta cuando hay confrontaciones. Muy sarcástico y muy crítico ante otras personas, sus opiniones y ejecutorias.

Orientado a las tareas y resultados (racional).

Lema: *"Necesito más información, datos y hechos"*.

Adler reafirma que el ser humano lo que busca es sencillamente pasar de una situación negativa de inferioridad a una de superioridad y de perfección (Ansbacher, 1964). Estos cuatro tipos generales de comportamientos se identifican por ser patrones de acciones y reacciones repetitivas.

Por otro lado, en una carta publicada el 1ro de agosto de 1972 para UCLA Bruins, el extraordinario coach y líder John Wooden, dirigida a los nuevos integrantes del equipo colegial, les decía: *"Para el máximo logro del equipo, cada individuo debe prepararse para obtener lo mejor de su habilidad y disponer de sus talentos para trabajar con el equipo. Esto debe realizarse sin egoísmo y sin tener pensamientos de gloria personal. Cuando nadie se preocupa de quién recibirá el crédito, mucho más podrá lograrse"*.

De manera natural, Wooden reconoce que la diversidad de temperamentos podría afectar el éxito del equipo; empero, destaca que es la misma diversidad que al ser comprendida es capaz de rescatarlo y hacer que todos brillen más. Por otra parte, en esta carta tan especial menciona lo siguiente: *"Sé que no tomaré todas las decisiones de forma correcta, pero intentaré todas las veces de ser correcto y justo"*. En este sentido, proclama de antemano el complejo proceso de tomar decisiones y cómo se afectarán las relaciones humanas.

Jeff Bezos, el revolucionario empresario y fundador de Amazon®, utiliza la frase llamada: *"en desacuerdo y me comprometo"*. A pesar de que todos somos distintos, que cada uno puede tener una ruta diferente para evaluar y tomar una decisión en el medio del caos o de la urgencia que amerita en ese momento, es importante que aunque no medie un consenso para la dirección a seguir, se comprometan a seguirla y reevaluar los resultados.

Para ser el líder que quiero ser, el líder que quiere comprender las relaciones humanas, el líder que quiere tomar las mejores decisiones para su gente, debo convertirme en la esencia del ser que quiero. Sostiene Kare Anderson *(Forbes, 2017)* que cuando entrevistaron al grandioso músico Carlos Santana mientras lo honraban en el Kennedy Center en el 2013, la pregunta que causó que proyectara la sonrisa más grande del artista fue la pregunta dirigida a cuál había sido su logro más exquisito a lo que él contestó: *"Me estoy convirtiendo en la persona que amo"*.

Asimismo se plantea en *Gates Notes* (Nov. 2019) una reflexión profunda sobre cuál es la medida que el magno inversionista y filántropo Warren Buffett utiliza para medir el éxito de una persona: *"La gente que a ti te importa, ¿le importas tú?"*. Es un cuestionamiento de la vida, de quién eres y de cómo los demás te ven en tu verdadero 'Yo'.

Por ende, para convertirme en el líder que quiero ser, es crucial alejarme del siguiente patrón de pensamiento:

1) Los que generan *parálisis organizacional* como establece el líder y escritor Hans Finzel en *The Top Ten Mistakes Leaders Make* (1994) al marginar los estilos creativos e innovadores con estas aseveraciones.

- "Si tuvieras tanta experiencia como la que tengo, podrías comprender y entender que lo que sugieres es completamente absurdo y nulo".

- "¿Quién te dio permiso para cambiar las políticas actuales e inalterables de la compañía?".

- "¿Cómo te atreves a decir que lo que estamos haciendo es incorrecto?".

2) Los que destruyen las personas de forma despiadada *(Ramm, 2017)* mientras intentan demostrar un lado amoroso poético y tierno a través de las poesías como lo hacían los dictadores Stalin, Hitler y Bin Laden. ¡Inconcebible!

3) Los que promueven el *efecto Hibris*: Demuestran su insolencia, desmesura, carecen de humildad, pedantes, arrogantes y sobrepasan sus límites similar al personaje mitológico, la diosa Hibris. Contaminan la unión de los equipos y la toma de decisiones puesto que todo gira alrededor de ellos.

4) Los que crean el *efecto Aracne:* Se proyectan y expresan que son mejores que los demás y los retan vilmente para humillarlos. Se deriva de la mitología grecorromana en la cual se cuenta la historia de una maravillosa tejedora engreída que retó a la diosa Atenea a competir por el mejor tapiz tejido. Por ser tan arrogante, se ganó el castigo de ser convertida en una araña.

5) Los que olvidan ser generosos y gustan eliminar a los demás para despojarlos de su vida y de su fortuna al

estilo de *Sísifo*: De acuerdo con Wikipedia, este rey avaro y deshonesto fue castigado por su vil comportamiento, de hecho tenía que empujar una piedra, una y otra vez, hacia la punta de una montaña y volver a regresarla a su punto original, sin descanso alguno, día tras día.

Antes de ser adiestradora y consultora certificada DISC - Maxwell Method® en el 2018, ya practicaba desde el 2007 los fundamentos de la teoría de los cuatro temperamentos o humores de Hipócrates al igual que los principios prácticos de personalidad presentados por la Dra. Florence Littauer. A través de esta base práctica y ahora con la herramienta empírica que provee DISC, mi mundo de observación se ha ampliado dramáticamente puesto que es más fácil reconocer patrones de comportamientos en los equipos y en sus líderes desde: 1) cómo se relacionan unos con otros, 2) quiénes tienen mayor influencia sobre otros y quiénes no la desean, 3) cómo se enciende un conflicto y quiénes tratan de apagarlo con rapidez, 4) cómo algunos posponen tomar decisiones, 5) cómo boicotean a otros, 6) cuándo deciden perdonar y hasta en qué momentos surgen gestos, cambios faciales o posturas de aceptación o de rechazo hacia pares o hacia el líder mismo.

Igualmente se requiere entender que existen otras formas de ver las relaciones humanas. El filósofo Avula Parthasarathy (Ed. 2015) plantea que "uno puede observar una relación análoga entre el mundo y los humanos en cuanto a que sus cuatro reinos - mineral -vegetal - animal y humano - parecen reflejarse en las relaciones humanas" (p. 45). Al posicionarlos como personas, puede distinguirse el grado de egocentrismo de cada uno de ellos hacia la humanidad. Desde la *persona* -

mineral, el más egocéntrico - desconectado y sin energía para reaccionar a lo que pasa en el mundo hasta *persona -Dios*, una clasificación adicional que incluye para identificarlo como uno libre de toda división mundial y egocentrismo.

Para que un líder comprenda los complejos modos de comportamientos debe tener, además, una mentalidad de aceptación al riesgo, similar a la filosofía *Always Day One* de Amazon®. Ese primer día, como afirma Alex Kantrowitz, requiere experimentar de modo paciente, aceptar que habrá fallos y que habrá protección para cada uno de los integrantes, aunque no todo salga como se esperaba. Lo vital es crear las mejores condiciones en el ambiente para que todos sientan que pueden tomar decisiones relevantes y de alta calidad.

Señala el general retirado de cuatro estrellas, diplomático y político norteamericano, Colin L. Powell: *"Es un fallo de liderazgo si los que dependen de ti no pueden confiar o simplemente piensan que no les importa"*. Asimismo, justificar que todos deben ser como yo, es uno de los errores fundamentales en el liderazgo de ayer, de ahora y del futuro.

Te invito a que descubras o repases tu estilo de comportamiento en las próximas páginas (págs. 50-53) para que puedas relacionarte mejor con tu entorno. De igual modo, aplica lo que has aprendido a través de un ejercicio de reconocimiento de comportamientos. Tu éxito como líder también depende de cómo tú te ves, cómo te ven los demás y cómo se relacionan entre sí.

Estilos de Comportamientos

¿Cuál de estas columnas se parece más a ti?

A	B	C	D
Determinado	Persuasivo	Conservador	Sistemático
Independiente	Sociable	Generoso	Conservador
Exigente	Optimista	Leal	Calculador
Pionero	Galante	Cooperativo	Diplomático
Voluntarioso	Verbal	Firme	Pulcro
Competitivo	Independiente	Consistente	Tradicional
Decisivo	Popular	Relajado	Confiable
Responsable	Confiado	Paciente	Cauteloso
Lógico	Equilibrado	Predecible	Estable
Escéptico	Cariñoso	Paciente	Exacto
Ambicioso	Lleno de humor	Resistente al cambio	Con tacto

A = Dominante (colérico)

B = Influyente (sanguíneo)

C = Equilibrado (flemático)

D = Cauteloso (melancólico)

Ejercicio para reconocer estilos de comportamientos

Marca con una 'X' quién consideras lo expresó

1. "En tiempos de guerra es necesario formar alianzas indecentes. Cuando esta termine, se deshacen".—Ramses en la telenovela brasileña Moisés y los 10 mandamientos.

    ☐ Dominante ☐ Influyente ☐ Cauteloso ☐ Equilibrado

2. "Somos familia. En esta familia, lo más importante es el valor de la palabra".—Serie El gran robo de Netflix® 2020.

    ☐ Dominante ☐ Influyente ☐ Cauteloso ☐ Equilibrado

3. "El tiempo es diferente, es más acogido universalmente. Es un tiempo en que la gente cree ciertamente que su presencia hará la diferencia".—Nancy Pelosi, Presidenta de la Cámara de Representantes del Congreso de los Estados Unidos, en una entrevista de la serie Time 100 Talks—Finding Hope®.

    ☐ Dominante ☐ Influyente ☐ Cauteloso ☐ Equilibrado

4. "La presidencia es acerca de liderazgo. Es acerca de carácter, de empatía. De escuchar a la gente que no solo votó por ti, sino por la gente que discrepa".—Pete Souza, fotoperiodista y exfotógrafo oficial de la Casa Blanca, en el documental The Way I See It (2020).

    ☐ Dominante ☐ Influyente ☐ Cauteloso ☐ Equilibrado

5. "La vida tiene sus encantos…¿dónde se escondieron?"—Los milagros de Jesús (telenovela brasileña)

   ☐ Dominante ☐ Influyente ☐ Cauteloso ☐ Equilibrado

6. "Como presidente, he hecho más por los evangélicos y por cualquier religión que ninguno otro."—Presidente Donald Trump 2019.

   ☐ Dominante ☐ Influyente ☐ Cauteloso ☐ Equilibrado

7. "Sé tan bueno hoy que la gente no podrá ignorarte."—Actor Steve Martin

   ☐ Dominante ☐ Influyente ☐ Cauteloso ☐ Equilibrado

8. "Cuando nací, ya habían repartido el miedo."—Canelo Álvarez en World Championship Boxing HBO

   ☐ Dominante ☐ Influyente ☐ Cauteloso ☐ Equilibrado

9. "Vengo a gritar aquello que otros callan. De amor y besos abundan los cantores. Yo traigo el grito herido de mi pueblo. No es culpa mía si no traigo flores."—Horacio Guaraní, cantante, compositor y músico social folclórico argentino.

   ☐ Dominante ☐ Influyente ☐ Cauteloso ☐ Equilibrado

10. "Sentí que me tiraron al mar con una piedra atada al cuello."—Miriam la encorvada—Los milagros de Jesús

    ☐ Dominante ☐ Influyente ☐ Cauteloso ☐ Equilibrado

11. "La ceguera ocasionada por la maldad, te lleva a la destrucción."—Moisés y los 10 mandamientos, telenovela brasileña

    ☐ Dominante ☐ Influyente ☐ Cauteloso ☐ Equilibrado

12. Le preguntan al Agente 007: "Qué sabes tú del miedo? Lo miró y le contestó: Lo sé todo. Tenía el agua hasta el cuello".

    ☐ Dominante ☐ Influyente ☐ Cauteloso ☐ Equilibrado

13. "Somos ladrones honrados, ladrones sofisticados. No matones. En nuestros proyectos, nuestras manos no se llenan de sangre. Se respeta aquí el sagrado principio de la no violencia".—Serie El gran robo de Netflix® 2020

    ☐ Dominante ☐ Influyente ☐ Cauteloso ☐ Equilibrado

14. "La gente no me entiende. ¿Será por qué soy un semidiós?" Anónimo

    ☐ Dominante ☐ Influyente ☐ Cauteloso ☐ Equilibrado

Los diez mandamientos para manejar las relaciones humanas

1. Autoexamina diariamente tu conducta y por qué reaccionas como lo haces.

2. Todos somos distintos. Al reconocerlo, comenzamos a juzgar menos.

3. No existen personalidades mejores o peores. Todos tenemos puntos fuertes y puntos débiles.

4. Evalúa la intención de la acción del otro antes de reaccionar.

5. Trata a los demás como ellos desean ser tratados.

6. Si los demás son diferentes a mí, no significa que están equivocados

7. Todos nos necesitamos para mejorar a nuestro país y al resto del mundo.

8. No te vanaglories con tus fortalezas.

9. No practiques la obediencia ciega para herir a los demás.

10. Ama y perdona. Siente compasión por los demás.

> "El desafío diario de vivir nos obliga a desarrollar un liderazgo consciente, justo y consagrado al servicio de la humanidad".
>
> —Elbia Quiñones

Agujeros en el corazón

La pandemia causada por el COVID-19, en el 2020, nos llenó de innumerables agujeros, unos más grandes; otros, más pequeños. Entre los agujeros grandes e inevitables encontramos la incertidumbre y la ansiedad, las cuales crearon otros como consecuencia de un liderazgo inconsistente, frágil, añiñado y vacío, persistente en decisiones incompetentes. Es en los momentos de crisis donde los líderes alcanzan su máxima expresión: aumenta su brillo o simplemente se queman.

La misma ONU (Organización de las Naciones Unidas) lo ha expresado en múltiples ocasiones: *"la humanidad necesita liderazgo y solidaridad para vencer a este virus"*. Sin liderazgo, sin decisiones acertadas y sin las palabras adecuadas para dar esperanza a los más necesitados, el mundo revierte y altera los avances de la humanidad.

La historia de la humanidad ha presenciado el complejo desarrollo del liderazgo mientras ocurren distintas crisis de la vida, asociadas con el proceso de adaptarse con el ambiente físico, social y político. Desde los problemas de obtener alimentos, el desarrollo de una sociedad más compleja, la necesidad de controlar directamente las interacciones de los grupos hasta las guerras que demandan con urgencia líderes con gran valor, persistencia, resiliencia y con una valiosa habilidad de organizar-controlar a otros y tomar decisiones muy rápidas, cuidadosas para actuar de manera diligente y eficientemente. Para que este liderazgo sea competente, el líder tiene que reconocer lo que sabe y lo que no sabe. Precisamente este enunciado lo encarna el poeta brasileño Mario de Andrade con el siguiente verso introspectivo de **Mi alma tiene prisa**:

Quiero vivir al lado de gente humana, muy humana.
Que sepa reír de sus errores.
Que no se envanezca con sus triunfos.
Que no se considere electa, antes de la hora.
Que no huya, de sus responsabilidades.
Que defienda la dignidad humana.

De igual manera, para que el líder evite crear agujeros en los demás debe alejarse del *efecto Dunning-Kruger*: no reconocer su incompetencia puesto que cree que tiene habilidades y conocimientos superiores a otros cuando realmente no los tiene, similar al asaltante de bancos de los '90 (EE. UU.) que presumió que si se untaba zumo de limón en su rostro, nadie lo vería en las cámaras y nunca sería atrapado (Regarder, s.f.).

Lo hemos visto en esta pandemia: líderes globales que sugirieron que la enfermedad infecciosa pasaría en un abrir y cerrar de ojos, promover medicamentos que multiplicaban los riesgos de infartos al igual que recomendar que se ingiriera desinfectantes con cloro. Como líder, aléjate de crear agujeros irreparables de las almas de quienes lideras.

Pausa para reflexionar

Como líder, la consistencia de tus actos permitirá que crean en ti. El liderazgo es una red de vivencias entre tú y tu gente. Trabaja y colabora sin ego. Para ello, reflexiona en estos planteamientos.

- ☐ ¿Te interesa más tu éxito o el que logran los demás?
_____
_____
_____
_____

- ☐ ¿Puedes cambiar tu perspectiva para ver y entender la de los demás?
_____
_____
_____
_____

- ☐ ¿Qué barreras de estancamiento eliminaste hoy para que los demás continúen su progreso en la vida?
_____
_____
_____
_____

- ☐ ¿Acoges el riesgo en momentos difíciles? ¿O no lo puedes identificar y dejas en la oscuridad a tu gente?
_____
_____
_____
_____

38 X 148

Los derechos humanos de las mujeres al igual que la igualdad de género son fundamentales para todos los objetivos del desarrollo sostenible, asevera António Guterres, Secretario General de la ONU. De igual manera, ha compartido lo siguiente: *"La igualdad de género es un medio de redefinir y transformar el poder que producirá beneficios para toda la humanidad. Es hora de dejar de intentar cambiar a las mujeres y de empezar a cambiar los sistemas y los desequilibrios de poder que impiden a las mujeres alcanzar su potencial"*. Esta igualdad es simplemente alegórica.

Aunque es un mensaje apto para el siglo XXI, la realidad muestra que mientras más esfuerzos en llevar esta voz en pro de los derechos humanos de las mujeres, más casos atroces se publican cada día, haciendo que retroceda con fuerza este llamado a la igualdad, a la libertad y a la dignidad humana.

En el otoño del 2019 mientras me preparaba para una conferencia de la organización sin fines de lucro llamada Mujeres ante la Adversidad®, me topé con una noticia atroz que se relaciona justamente con la fórmula 38 X 148. Esta fórmula es una inquietante y perturbadora a la vez puesto que insta a reflexionar sobre el valor, el coraje y la resiliencia de la abogada iraní, activista y defensora de los derechos humanos de las mujeres en su país quien ha sido condenada nuevamente por luchar de manera pacífica por la igualdad y la justicia. Esta brillante, solidaria y valiente activista, Nasrin Sotoudeh, ha recibido la sentencia más severa contra un defensor o defensora de los derechos humanos registrada, de acuerdo con la organización Amnistía Internacional (Redacción BBC News Mundo, 2019).

Su condena: 38 años de cárcel y 148 latigazos. Una fórmula que te deja perpleja cuando escuchas un acto cruel e injustificado como este en pleno siglo XXI. Esta líder, luchadora de las mujeres que protestan contra el uso obligatorio del velo o *hijab* y contra la pena de muerte, se le imputaron distintos cargos falsos desde incitar a la corrupción y prostitución, desequilibrar el orden público y uno de los más importantes: cometer un acto pecaminoso al enseñar su cabeza e instar a otras mujeres a hacerlo en público.

Para los jueces, Nasrin le falló y le faltó al líder de la nación iraní. A pesar de su injusto encarcelamiento, en el 2020 continuó luchando para que liberaran a personas encarceladas por motivos políticos. Qué grandeza de su liderazgo porque en ausencia de este en su país, asume el rol para dignificar a las personas que más lo necesitan y que más oprimidas están.

Muy acertado lo dijo la representante de los Estados Unidos, Val Demings, en la magnífica serie Finding Hope 2020 de Time100 Talks®: *"En la ausencia de liderazgo, se levantan buenas personas"*.

Nasrin Sotoudeh, nos insta a realizar una pausa para auscultar el inventario de nuestras experiencias de vida y evaluar las decisiones como líderes.

1. ¿De qué formas has visto la ausencia de liderazgo y has tenido que levantarte para convertirte en líder?

_____

_____

_____

2. Cuando actuaste como líder, ¿qué beneficios y oportunidades creaste para los demás?, ¿qué te hubiera gustado emprender y no te lo permitieron?

_____

_____

_____

El líder que lucha por la dignidad y la igualdad de otros catapulta la libertad y el respeto por la vida misma. Reconoce ante todo que se arriesga a que se le intente de suprimir su voz y de llevarlo a cajones de rejas que aprietan su garganta con látigos enfurecidos y maltrantes. Que este espacio sea un medio para llevar la voz de Nasrin Sotoudeh y de todos esos líderes que contra viento y marea persisten ante la adversidad que viven cada día para que otros puedan tener una vida mejor, libres de la discriminación que socava sus almas.

Cuida tu sombra

Las relaciones humanas son complejas, complicadas y convexas. Son explosivas, refrescantes y aterradoras, a la vez. En muchos momentos, son tiernas y revitalizan tus pensamientos y acciones; en otros, son asfixiantes.

Personas que drenan tu energía - la extraen - asfixian tus oportunidades de crecimiento, aspiraciones y hasta evaporan los fundamentos de lo que crees en ti. Por otro lado, personas que te dan espacio para desarrollarte, soñar y actuar como líder son las que realmente deseas que sean parte de tu vida.

En la película *Eurovision Song Contest: The Story of Fire Saga* de Netflix® (2020), en plena intervención de la competencia el personaje Lars Erickssong (interpretado por Will Ferrell) asombra a su compañera Sigrit Ericksdóttir (interpretado por Rachel Adams) cuando expone a la audiencia que *"la canción perfecta no es la que gana; sino la que se origina del corazón"*.

Es importante este momento puesto que Erickssong comprende que debe lanzar y vaciar sus obsesiones de querer ganar sin contemplar la profundidad de las relaciones humanas y sus prioridades, sobre todo, las que nacen del corazón, las que protegen su sombra. En nuestro marco individual, son estas las que promueven tu libertad, tu igualdad, tu tiempo para evolucionar, adaptarte y mejorar cada día. Esto sintetiza a la vez lo siguiente: quién te opaca debe estar lejos, fuera de tu círculo de influencia; quién hace que crezcas, acércalo, que no salga de tu espacio.

A finales de los '80 comencé a trabajar en una oficina de ingenieros y arquitectos, era mi primer empleo luego de graduarme de bachillerato del Recinto Universitario de Mayagüez, Puerto Rico. Creía que lo sabía todo, la realidad era otra. Sin experiencia alguna, acepté una asignación temporera de oficinista para sufragar mis gastos de maestría y generar nuevas relaciones y contactos de trabajo. Su gente era encantadora, en ese lugar maravilloso viví experiencias que nunca olvidaré. De manera rápida, me adoptó uno de sus empleados más sabios y rico en experiencias de la vida que he conocido, el señor Marcos Covas. Se convirtió en mi primer mentor laboral.

Por otro lado, al mes de iniciar mis labores, tuve que mudarme de emergencia. Esto implicaba que debía tomar más autobuses para llegar a dicha instalación, por lo que consideré buscar otro empleo. Sin dudarlo, una ingeniera llamada Lourdes Andino, muy jovial y llena de vida, me ofreció que me quedara con sus estupendos padres. De pronto, nos convertimos en amigas intrañables. Fue un acto hermoso de su parte. Viví con ellos como una hija más, gané dos hermanas. Nuestras madres conversaban por teléfono a menudo. Percibía cuánta gratitud le expresaba mi madre por cuidarme. Personas que llegan a tu vida y que siendo una desconocida se abren para elevar tu crecimiento y permitir que camines con fuerza, es realmente impresionante, es una generosidad que nace de un corazón genuino y verdadero.

Estas historias personales han creado la base para ayudarme a identificar quiénes realmente aportan sin reservas a mi crecimiento y me obligan a reflexionar sobre mi estado consciente de responsabilidad ante el servicio de los demás.

Debido a ello, es oportuno presentar este formulario, *Tu círculo de solidaridad y de conciencia* (pág. 69) para que identifiques, por lo menos cinco personas que influyen en tu liderazgo en una escala del 1 (mínimo) al 5 (máximo) de las siguientes maneras:

1) Quiénes multiplican tu crecimiento al igual que tu energía - queremos mantenerlos en nuestro círculo de solidaridad. Elevan tu conciencia y tu felicidad, realmente tú les importas. Es muy posible que estén por encima del promedio (3) en la escala del 1 al 5.

2) Quiénes bloquean tu crecimiento al igual que provocan sequía de energía en tu vida - queremos alejarlos o sacarlos eventualmente de nuestro círculo de influencia. Socavan tu conciencia, son procustos. Es muy factible que estén por debajo del promedio.

Una vez reconozcas quiénes impactan de manera positiva o negativa tu liderazgo y tu estado de conciencia, evaluarás qué decisiones debes tomar para tenerlas más cercas o más lejos de ti. Las decisiones requieren actos de valor e introspección.

Este ejercicio te ayudará, además, a reconocer qué personas de tu círculo practican a menudo el *efecto fundamental de la atribución*, la tendencia a justificar sus acciones verbales y de comportamientos erróneos. Por otro lado, tienden a sobrevaluar el comportamiento observado de los demás puesto que consideran que son acciones erróneas enmarcadas solo en motivaciones personales como elementos del tipo de personalidad o carácter. Asimismo, se predisponen a excluir aquellas razones sociales y del entorno que pudieron afectar dichas acciones (Maero, 2017). No les interesa entender el contexto externo en que ocurrió dicha acción o comportamiento de la persona, por lo que pierden la capacidad de justificar lo que pasó y sentir empatía. Veamos cómo justifica sus acciones y cómo no lo hace para otros:

1) Discute con su pareja en voz alta en una oficina médica y lo justifica porque le fue mal en su trabajo. Se siente muy contrariado.

2) Otro día, encuentra una persona discutiendo en la misma oficina médica con otro caballero. Lo tilda de abusador y agresivo. Desconoce que uno de ellos estafó al otro por miles de dólares.

Si en tu círculo de solidaridad tienes varias personas que se comportan frecuentemente de esta manera, es crucial que asimismo lo evalúes. Son una bomba de tiempo que causarán daños sustanciales a ti y a quiénes te rodean. Queremos en tu círculo seres que cuiden de su sombra y de la tuya para que el desarrollo del liderazgo, de ambas partes, sea uno sano, seguro y lleno de conciencia por los actos que realizamos.

Tu círculo de solidaridad y de conciencia

**Nombra las cinco personas más cercanas a ti. Examina cómo contribuyen a tu crecimiento de vida.
(1) mínimo, (5) máximo**

1	
2	
3	
4	
5	

¿Quién multiplica mi crecimiento? ¿Quién eleva mi conciencia?

☐ Calmada y optimista	1 2 3 4 5
☐ Sabe perdonar	1 2 3 4 5
☐ Confiable y solidaria	1 2 3 4 5
☐ Cree en mí y en las personas	1 2 3 4 5
☐ Maneja sus cambios de humor	1 2 3 4 5
☐ Se ajusta, es flexible	1 2 3 4 5
☐ Promueve mi crecimiento	1 2 3 4 5
☐ Reconoce cuando se equivoca, no le echa la culpa a otros. Consciente de sus actos.	1 2 3 4 5

¿Quién bloquea mi crecimiento? ¿Quién afecta mi conciencia?

☐ Pesimista y ansiosa	1 2 3 4 5
☐ Tengo que ajustarme a sus pensamientos	1 2 3 4 5
☐ Cambia demasiado de humor	1 2 3 4 5
☐ No cree en mí ni en las personas	1 2 3 4 5
☐ Muestra tendencia procusta: me impide crecer	1 2 3 4 5
☐ Egoísta, inconsciente de sus actos	1 2 3 4 5
☐ Incapaz de reconocer cuando se equivoca, culpa a los demás por sus errores	1 2 3 4 5

> "Ninguno de mis padres tuvo los medios para asistir a la universidad, pero ambos me enseñaron a amar el aprendizaje, a preocuparme por la gente y a trabajar duro en lo que fuese que quería o en lo que creía".
>
> —Ruth Bader Ginsburg
> Jueza de la Corte Suprema de los Estados Unidos

Parte III

Reflexiona con Conciencia

Diseño perfecto

Una animadora de un canal de televisión comentó en una ocasión: *"Somos un diseño divino perfecto"*. Esas palabras resonaron en mí durante varias semanas. Dentro de ese diseño perfecto divino hay espacio para la imperfección humana. En tiempos de crisis, se destaca realmente si somos un diseño perfecto e imperfecto, a la vez, que aprende de esos cruciales momentos donde podemos sentirnos temerosos, preocupados o ansiosos ante lo que se aproxima y a la vez, esperanzados de que se manejará con gallardía la razón y el corazón para seguir hacia delante.

Por otro lado, también tenemos la elección funesta de convertirnos en un diseño lleno de puntos de desastres donde no queremos aprender de las experiencias en las que somos protagonistas y causamos un daño irreparable a otros. Tú decides cuál diseño es para ti.

En la filosofía japonesa se utilizan vastas metáforas de cómo los humanos se transforman a base de los golpes recibidos de la vida. Una de ellas, una de mis favoritas, es la metáfora de la técnica de reparación de oro o *kintsugi*. Esta técnica japonesa nacida en el siglo XV justo cuando el gran general apaciguador de los bárbaros (shōgun) o comandante del ejército, Ashikaga Yoshimasa, envió a China uno de sus tazones de té favoritos (otras historias mencionan dos tazones, sin consenso) para que fuera reparado. Transcurrió el tiempo y el tazón de té llegó a sus manos luego de ser reparado. Al verlo, se dio cuenta que perdió su belleza por tener grapas de metales. Decidió, entonces, emprender una búsqueda de artesanos japoneses para que repararan de otra manera dicha pieza. Quería que se viera mejor, que mostrara una nueva belleza, algo que levantara el espíritu humano (Harvey-Craig, 2020).

Esto provocó que surgiera la técnica *kintsugi* en la cual se reparan los objetos de cerámica con pegamento y polvo de oro. Lo interesante es que como la pieza puede romperse en cientos de pedazos, los toman para unirlos con ese polvo de oro sin ocultar que una vez estuvieron rotos, quebrados. En lugar de ocultar las imperfecciones, defectos y grietas, estas se muestran visualmente. Por tanto, crea un arte hermoso y rebosante donde la pieza original se engalana con más belleza y con más valor.

Los líderes pasan por este mismo principio filosófico de repararse para ser un diseño perfecto divino, pero imperfecto desde la perspectiva humana. Ante las crisis muestran su fragilidad humana, su resiliencia, su habilidad de pegarse, conectarse con otros para lograr que sus estilos de liderazgo sean más fuertes y más humanos.

Esta técnica de reparación de oro, te obliga a reflexionar en tu estilo de liderazgo, sobre todo, si pasas por algo muy duro y sobrevives: ¿cómo te recuperas para hacer de tu vida una mejor?, ¿cómo aprovechas una nueva oportunidad?, ¿en quién te convertiste? o ¿qué papel juegan ahora los demás en tu misión de vida?

Un hermoso ejemplo de un ser que recibió muchos golpes en su vida es el joven sudanés Michael Lual Mayen y como afirma él: *"En un campamento de refugiados en África no había nada para ocupar tu mente hacia el futuro y sus posibilidades"*. Sin educación, sin comida y agua suficiente, un entorno violento estaba predispuesto a sucumbir en su dura realidad diaria, una realidad de convivir por 22 años como refugiado.

A pesar de ello, un día vio una computadora en una de las estaciones del campamento, lo que le dio la esperanza de sentir que podía reconectarse con sus posibilidades de ser mejor y salir algún día de dicho campamento. Su madre logró ahorrar $300 cociendo ropas para los refugiados hasta que pudo comprarla. Esto le sirvió para autoeducarse con vídeos tutoriales en programación para desarrollar juegos y para hablar inglés. Creó un juego en el campamento enfocado en la paz, lo que atrajo la atención de distintas organizaciones globales de juegos.

Su sacrificio de caminar todos los días tres horas para cargar su computadora para aprender y crecer de manera intencional, le permitieron salir del campamento. Ahora, es empresario, tiene su compañía Junub Games que desarrolla juegos destinados a presentar a la audiencia cómo resolver conflictos para llegar a la paz, rechazar la violencia y cómo lograr que aquellas comunidades en regiones de guerra no sean destruidas y olvidadas (Andrejev, 2019). De forma consciente, los jugadores pueden comprar artículos que son donados a refugiados reales. Mayen es definitivamente una bella pieza que se autoreparó para mostrar su grandeza en ayudar a este mundo a ver la cruda realidad de los refugiados y qué hace falta para resolver estas crisis.

Con este maravilloso ejemplo de Mayen te invito a que reflexiones sobre tu estilo de liderazgo y el estilo de liderazgo de los líderes mundiales. En las próximas tablas (páginas 78 y 79), se ilustra lo que es un verdadero líder consciente y un líder que no sabe cómo mostrar la belleza, a pesar de los retos y quebrantos de la vida.

Somos un *diseño divino, perfecto e imperfecto* a la vez, porque aprendemos a unir con las palabras, acciones y decisiones aquello que ha sido destruido, vandalizado un momento y tiene la capacidad de autoregenerarse. En *kintsugi* las piezas se pegan con polvos de oro, en el liderazgo nos pegamos una y otra vez cuando aprendemos con empatía a crecer junto con los demás.

"Estas cosas destruirán
a la raza humana:
política sin principios,
progreso sin compasión,
riqueza sin trabajo,
aprendizaje sin silencio,
religión sin valentía
y culto sin conciencia".

—Anthony DeMello

Líder sin Conciencia	Líder Consciente
Se autopromueve. Siente autoadmiración excesiva. Narcisista. Marchita los sueños de los demás.	Conecta con otros de manera natural. Trabaja las relaciones con su gente para que sean duraderas.
Muestra un ego destructor y autoritario. Sadista.	Proyecta madurez emocional real.
Corta, interrumpe y bloquea la comunicación de sus consejeros, mentores y empleados.	Tiene claras expectativas.
Miente, no le importa. Desleal. Carece de empatía.	Fundamenta sus relaciones personales y profesionales con los pilares de la verdad y de la honestidad. Leal a estos.
Aparenta que promueve altos niveles de éxito, pero luego los desinfla y los apabulla.	Tiene sentido de comunidad.
Intimida y humilla a quienes se expresan contrario a él.	Hábil creando equipos ricos en diversidad humana.
Por lo general, es agresivo en sus gestos faciales y de manos.	Tiene conciencia de crecimiento.
Su palabra es indignante, no eleva la conciencia humana ni la moral de sus empleados.	Muestra compasión.
No insta a la verdad. Asalta contra la dignidad humana. Muestra rasgos de podredumbre moral.	Oye, escucha y observa de cerca lo que pasa en su alrededor y en los asuntos que importan al mundo y su negocio.
Es un desastre emocional.	Con inteligencia emocional.
Proyecta que es un niño.	Es equilibrado.

Líder sin Conciencia	Líder Consciente
Nos deja aislados emocionalmente.	Es un líder presencial y virtual.
Confunde a su equipo y a los medios sociales con la información que provee y publica.	Promueve la actitud de la autoestima.
Le encanta el melodrama.	Permite que todos tengan el poder de elegir.
Desorientado, descabellado. Divide a la gente.	Tiene mentalidad de mentor.
Indiferente ante las controversias.	Resuelve controversias antes de que sean problemas.
No maneja la volatilidad de las crisis.	Maneja la volatilidad de las situaciones y crisis.
Se autoengendra y replica, no necesita a nadie puesto que todo lo puede resolver, aunque requiera ayuda.	Reconoce cuándo necesita ayuda de otros para manejar crisis o situaciones nunca antes presentadas.
Esconde las malas noticias al fin de que colapse todo. No le importa.	Identifica y comparte las malas noticias de manera rápida para que juntos podamos desarrollar un plan y sea evaluado.
No comprende que los humanos son capaces de transformarse en las crisis.	Aunque parezca destrozado, por lo que está viviendo, sabe que transformará a su gente y a él en personas más valiosas luego de la crisis.
Cree que no hay crisis puesto que se ve como un semidiós.	En una crisis, sabe y comprende que lograr una misión depende de cómo se maneja a sí: mental, emocional y físicamente de forma periódica.

¿Quién eres tú?

Cada día, aquí y allá, encontramos escenas donde un autollamado líder con sus acciones suicidas lacera el crecimiento de quienes lidera, a su vez opaca la buena fe de los líderes que sí viven y se preocupan por su gente.

Era un sábado de esos inusuales veraniegos donde la gente presta más atención a lo que dicen otros que lo que pueden disfrutar con sus parejas y con sus hijos. Mientras tratábamos de saborear nuestro acostumbrado desayuno en este lugar tan especial y tan lleno de aromas adictivos, observé que uno de sus empleados intentaba realizar seis tareas a la vez desde recibir a los comensales, orientarlos con las nuevas medidas sanitarias de protocolo, limpiar y desinfectar las mesas antes de que se sentaran, volver a limpiarlas cuando los comensales partían, guiarlos por las dos filas de ordenar expreso y ordenar para quedarse en el lugar hasta guiar a los conductores de Uber Eats® y Uva!® con sus innumerables y constantes recogidos. Esto parecía como una escena de esas películas donde aceleran los movimientos de los personajes para que la escena culmine pronto. La realidad es que por el volumen de personas que entraba a ese lugar, la escena no podía finalizar puesto que se repetía a cada segundo.

Al analizar todas sus tareas, me percaté que llegaría ese momento donde para él sería inmanejable llevarlas a cabo. Simplemente estaba solo y lo peor, el autollamado líder explotó ante esta conducta. Escuchamos, todos, con atención el oprobioso y acusador mensaje que dirigió a su empleado:

"Si no pudiste manejar el teléfono, ahora ni tan siquiera puedes controlar a la gente. No puedes hacer nada bien".

Sentí tristeza e indignación con sus palabras. Le pedí a mi pareja que terminara de comer para irnos. Me sentí realmente incómoda. Era una persona mayor tratando de manejar seis tareas cuando era razonable que por el volumen acostumbrado de ese negocio, era justo tener distintos empleados en las horas picos, son patrones de ventas que pueden identificarse fácilmente para determinar la cantidad de empleados que puedan colaborar en esos vitales momentos.

Ciertamente es como señala el escritor Roberto Mares, quien compiló una brillante biografía de la leyenda Charles Chaplin. En esta biografía, Mares destaca que en la película *Una mujer en París (A Woman in Paris)* de 1923 aparece un epígrafe con el siguiente mensaje: *"La humanidad no está formada por héroes y traidores, sino simplemente por hombres y mujeres, y las pasiones que los impulsan, buenas o malas, es la naturaleza quien se las ha dado. Los seres humanos caminan a ciegas".*

Ante esta aseveración, ¿cuán ciego podría estar el supuesto líder de la escena del local en cuanto al manejo de las relaciones humanas y del control de sus emociones? Primero, ante todo el líder es un hombre o mujer con impulsos buenos o malos. En esta ocasión, de manera impulsiva, no solo destacó lo que para él era incorrecto del empleado, sino que le recordó en público que anteriormente había fallado y peor aún, selló esta conversación con una línea denigrante: *"No puedes hacer nada bien"*.

Mientras ocurrían esas conjugaciones de frases, percibí la humillación y la frustración del empleado. Trató de retomar su postura luego de recibir esa llamarada humeante de garabatos hacia su persona. Era como si un puente se hubiera derrumbado, justo en su cabeza, ante el peso generado por dicha comunicación desnivelada y desigual. Por otro lado, me cuestioné lo siguiente:

- ¿este hábito de comunicación hostil ocurre cuando existe un estrés desmesurado?, ¿por un estado de salud desafiante?

- ¿este hábito de comunicación trastornada surge por la ansiedad extrema de pensar que podría perder su empresa o negocio?

- ¿este hábito de comunicación interrumpida se crea cuando siente que su familia ha sido consumida por el negocio y su estilo de liderar?

- ¿este hábito de comunicación adversaria surge por exonerar su tiempo para disfrutar con su familia o para sí, para realizar las cosas que verdaderamente le importan como individuo?

De manera general, es posible que este personaje guste de exhibir dos caras: una moderada y discreta para el público; otra, desmesurada para sus empleados. El planteamiento final es: *¿quién eres tú? - ¿eres un líder a ciegas?*

Dice Brent Gleeson de Leadership Strategy® que tu estado mental y físico tiene un impacto directo en tu capacidad y habilidad de liderar. Si te involucras en estilos de vida saludables, meditas y te ejercitas periódicamente, tienes una mayor probabilidad de tomar mejores decisiones, a pesar del reinante estrés. No colapsarás y te proyectarás confiable y seguro.

Cuando el estado mental y físico del líder converge de forma equilibrada, el líder puede manejar con ecuanimidad los momentos de la verdad o momentos de contacto de sus colaboradores o empleados. Es en el lugar real donde ocurren estos momentos en los cuales se crea valor o se crea una estampida de resentimientos.

El Dr. Ramón A. Gadea señala que muchos líderes fracasan porque son caóticos, llenan de ansiedad a la gente. Se les olvida que deben inspirar paz y calma, aunque en nuestro alrededor exista una carrera desbocada de asuntos que no podemos controlar.

Retomando los conceptos japoneses sobre mejoras en los procesos, si el autollamado líder hubiera observado el área de acción donde el empleado trataba de ejecutar las seis tareas a la vez y la hubiera caminado (gemba walk), fácilmente podía descubrir que en los famosos picos de ventas era imposible manejar las mismas con un solo empleado. Esto requería, además, de las destrezas de escuchar con atención, evaluar qué podía mejorar del proceso, cómo medir el progreso luego de las mejoras y si debía incorporar un plan de desarrollo y crecimiento para su empleado. La incapacidad del líder de manejar su estrés, lo cegó de ver la realidad y de ayudarlo en un momento crucial que lo necesitaba. Olvidó inspirar tranquilidad en un momento de caos.

El líder es responsable de mantener el respeto por su gente y de crear un espacio continuo de mejoramiento. Asimismo, de evaluar su liderazgo y de permitir que otros asciendan como líderes. Mientras existan líderes que solo recalquen 'no puedes hacer nada bien', la humanidad irá en retroceso hasta que otros líderes comprendan que el fin de liderar es simplemente hacer que otros sean más grandes que ellos.

Lo importante es que cuando respondas a la pregunta de *quién eres tú* puedas reflexionar en cómo tratas y preparas con dignidad a tu gente para servir a la humanidad, ya sea en el presente como en el futuro. La grandeza de un líder estriba en la conciencia de tener un propósito honesto en la vida junto con un autoexamen diario de sus actos y de cuánto ha creado o destruido en este mundo.

La bombilla del 401

En la noche festiva del 29 de diciembre de 1972, 99 pasajeros encontraron el llamado de la muerte tras haberse estrellado el avión de Eastern Airlines en la zona pantanosa de los Everglades de Florida. En ese entonces tenía siete años. Se convirtió en un suceso importante para mi familia porque varios de los fallecidos eran conocidos de mis padres. Fue un error garrafal de la tripulación, del equipo de trabajo, del susodicho vuelo: todos se enfuscaron en hacer funcionar una bombilla minúscula del panel que confirmaba que el tren delantero de aterrizaje había bajado de manera óptima. Nunca funcionó: en los últimos cuatro minutos de vida dejaron la cabina totalmente sola, sin un piloto que dirigiera el avión a tierra segura. El avión simplemente se desplomó, se estrelló al igual que los líderes de esa noche.

La mayoría de los humanos padecemos del síndrome llamado 'adictos a la acción'. Esto implica que tratamos de realizar pequeñas acciones en los equipos de trabajo para sentir que hemos cumplido con algo, aunque meramente haya sido entrar a una oficina a sacar punta a los lápices, contestar tres llamadas en un período de 8 a 10 horas, parecer que estamos conectados de manera virtual mientras estamos de compras o conversando con nuestros vecinos, o tratar de resolver un problema tan serio como el del vuelo 401 que una pequeña acción tomada por su equipo elite, de dejar sola la cabina y sin piloto hizo que el avión se estrellara. Para colmo, esa bombilla ya estaba inservible y quemada; simplemente, los aniquiló. Esas pequeñas acciones cuestan la subsistencia de nuestro ser, de nuestras familias y de nuestros negocios.

A mediados de febrero del 2019 tuve la valiosa oportunidad de participar como voluntaria en un proyecto de once agentes independientes de la banca comercial los cuales necesitaban una metodología simple y fácil de rendición de cuentas, apoyados por parejas denominadas 'aliados de éxito' con el fin de lograr 40 orientaciones mensuales de financiamiento para empresarios locales y evitar que sucumbieran sus negocios. Luego de 45 días de la implementación de esta metodología, qué lecciones ambos aprendimos:

1. La metodología implicaba un cambio de comportamiento, de actitud. La única persona que puede cambiar eres tú. Como líder, soy responsable por ayudarte a hacer el cambio, de proveer las herramientas y el adiestramiento; empero, no soy responsable por las acciones necesarias que debes tomar para lograr los cambios. Es como dice el viejo adagio inglés: *"Podrás llevar el caballo al río; pero hacerlo beber, jamás"*.

2. Afirma mi mentor, el Dr. John C. Maxwell, que las personas comprometidas no se rinden fácilmente. Tres de los once agentes (27%) aceptaron la invitación

del cambio validando el principio de liderazgo del 25-50-25. El 25% apoyará los esfuerzos compartidos, un 50% son indecisos y un 25% son resistentes al cambio. No puede haber éxito sin sacrificio y sin trabajarlo.

3. Cuando dejamos de responder a distintos llamados de liderazgo y de crecimiento, la probabilidad de que nos arropen detalles minúsculos e insensatos como los del avión 401, es mucho mayor. Por ende, aprendemos muy tarde lo que es verdaderamente importante en la vida mientras ya hemos perdido credibilidad ante los demás.

4. La máxima lección que aprendí es que debo vivir lo que enseño porque esto demuestra mi integridad como líder. Según el empresario y filántropo norteamericano Andrew Carnegie, *"usted no puede empujar a nadie a subir la escalera, a menos que primero usted esté listo para subirla"*.

En el 2017 comencé a trabajar con el montaje de mi séptimo libro y hasta febrero del 2019 no lo había retomado. Alegaba que el fallecimiento de mi padre había esparcido las ideas al grado de no poder reunirlas y armarlas con propósito.

Mientras trabajaba con la metodología para que otros once compañeros pudieran lograr sus metas a través de la rendición de cuentas, me percaté que también necesitaba completar esta serie de acciones para publicar el libro.

Esta experiencia también parea con situaciones familiares, personales y hasta laborales. Los humanos somos un gran equipo donde nuestro principio motivacional más importante es que cada uno de nosotros debe ser un ejemplo a imitar con acciones responsables, con propósito y alejadas del endurecimiento de las actitudes o sicoesclerosis, alejadas de la adicción empresarial por meramente hacer algo.

La gente hace lo que la gente ve. Por eso, la mejor pregunta que puedes hacerte es: ¿cómo puedo ayudar a que otros seres logren tener más éxito y eviten el *efecto de la bombillla del 401*, a través de la rendición mutua de cuentas? Cuando se encuentra la respuesta y se implementa, el crecimiento ocurre de forma paralela.

Para ello, te invito a que utilices el formulario, *Compromiso Rendición Mutua de Cuentas* que se presenta en la página 91 para que te guie en el proceso de evaluación de tu crecimiento, cómo este se desvía y cómo regresas a lo que esperas lograr. De igual forma, utilízalo como un espejo en el que otros puedan mirarse mientras alcanzan los distintos peldaños del liderazgo en los que se crean con esperanza nuevos valores para la humanidad.

Compromiso Rendición Mutua de Cuentas

Semanas 1 y 2

Día _____

Check in   Desviación justificada (S o N)   Check out

_____   _____   _____

Progreso observado y cuantificado
_____
_____
_____
_____

Semanas 3 y 4

Día _____

Check in   Desviación justificada (S o N)   Check out

_____   _____   _____

Progreso observado y cuantificado
_____
_____
_____
_____

Este sencillo formulario te permitirá registrar el día que acordaron comenzar a trabajar con el compromiso de rendición mutua de cuentas, la hora de inicio (check in), si ocurrió una desviación para no darse la reunión, la hora de salida (check out) y cuánto progreso han observado y cómo lo cuantificaron.

Tu tiempo se acabó

Un expreso le pregunta a otro preso, en el programa La mafia por dentro presentado por Discovery Channel®, este asunto decisorio de vida: *"Sé que en un momento relegaste a tu familia por las gangas. Ahora que tienes a tu familia aquí en el Día de la Madre, ¿a quién amas más?"*.

El preso lo mira y le responde con una sinceridad muy natural: *"A las dos. No puedo elegir. No puedo"*. Su franqueza me dejó perpleja. El proceso de tomar una decisión tiene un poder increíble de crear abundancia o caos en nuestras vidas. Precisamente este episodio marca a la vez una profunda distancia y distorsión entre lo que entendemos nos afecta de manera positiva y lo que realmente está destruyendo nuestras vidas mediante nuestras decisiones.

Miguel Ángel Cornejo, conferenciante internacional y líder empresarial mejicano, de forma brillante señalaba que *"somos el resultado de nuestras decisiones y que por lo tanto forjamos como arquitectos nuestro porvenir"*. Una bien evaluada decisión, te construye y te dirige a quién realmente quieres ser; una pobre decisión o elección, simplemente te destruye. De forma clara, el preso ha afectado su porvenir ante la indecisión de qué es lo mejor para sí y su familia.

Estas pobres decisiones las vemos en grandes escalas. El 28 de noviembre del 2016, el capitán del vuelo 2933 de LaMia que transportaba el equipo Chapecoense de fútbol brasileño pospuso la decisión de recargar su tanque de gasolina, lo que causó que el avión se estrellara en Colombia y fallecieran 71 personas.

El capitán, Miguel Quiroga, tuvo hasta tres momentos para recargar en distintos aeropuertos, lo que hace pensar que medió un proceso de evaluar el riesgo que estaban tomando todos; empero decidió no cumplir con ello. Decidió ignorarlo. Su única decisión real era detenerse para evitar la muerte.

Este vuelo ya tenía otros factores que de igual modo presagiaban que no llegarían a su destino final: sin reservas de combustible para un escenario de contingencia como este, sin combustible requerido para volar a un aeropuerto alterno ni para un combustible mínimo de aterrizaje, exceso de equipaje y un fatal manejo de riesgo. Ciertamente, su tiempo se acabó. La toma de decisiones enmarcada en una acción evaluada y pensada no es una destreza cualquiera. Para los líderes, es una destreza trascendental que juega y mueve los hilos entre la vida y la muerte. Por ello, es importante evaluar qué tipo de decisiones has tomado y cómo estas han afectado a tu entorno y a los demás.

1. ¿Qué tipo de decisiones innecesarias has tomado que afectó de manera dramática la felicidad en tu núcleo hogareño? A esto le llamo el coeficiente de felicidad familiar (CFF).

_____
_____
_____
_____

2. ¿Qué tipo de decisiones superfluas has tomado que impactó de forma inquietante tu felicidad, tu camino espiritual y crecimiento personal? A esto le llamo el coeficiente de felicidad personal (CFP).

_____
_____
_____
_____

3. ¿Qué tipo de decisiones insustanciales has tomado que trastornó de modo aparatoso la felicidad y el crecimiento de tus compañeros de trabajo o de tus colaboradores? A esto le llamo el coeficiente de felicidad organizacional (CFO).

_____
_____
_____
_____

4. ¿Qué tipo de decisiones redundantes has tomado que afligió y quebrantó dramáticamente la felicidad de tus amigos? A esto le llamo el coeficiente de felicidad social (CFS).

Como dice el polifacético genio musical, Carlos Santana, *"los humanos tienen que tener una conciencia desnuda de verse como son, lo que facilitará que se realicen cambios para erradicar todo aquello negativo"*.

De manera interesante, Jesús M. Badiola narra en *Los pecados de Corzine* (2012) cómo un aclamado corredor de Wall Street y un valiente incursionista en las contiendas políticas de los Estados Unidos, llevó a la bancarrota a una firma de corretaje de materias primas de 228 años llamada MF Global, en menos de dos años, al tomar como CEO decisiones arriesgadas y erradas para salvarla. Sus decisiones anularon la sobrevivencia financiera y económica de esta colosal firma. Su conciencia desnuda de verse a sí y del impacto financiero y emocional que estaba ocasionando no era tan claro para él. Lo peor de este caso es que Jon Corzine alegaba durante su testimonio, ante el Congreso de los Estados Unidos, que desconocía el paradero de 1.6 billones de dólares invertidos de sus clientes. Por otro lado, la empresa colapsaba por el fraude y la negligencia impresionante cometidos. Es el mismo Corzine quien nos enseña que el proceso de tomar decisiones y de entender su riesgo prolonga el tiempo de nuestra existencia como líder, de que confíen en ti, de que permee la esperanza de eliminar lo negativo para dar paso a la transformación inherente de las mentes críticas.

Otro vívido y trágico ejemplo en el mundo gubernamental es precisamente lo que se destapó en Puerto Rico en 2021: casos de alcaldes (Félix "El Cano" Delgado y Ángel Pérez Otero) otorgando contratos a firmas privadas a cambio de dinero (desde $5,000 semanales hasta cantidades que totalizan sobre $105,000) y de regalos costosos (relojes valorados en más de $200,000). Estos viles sobornos y extorsiones han relatado la marchita realidad de cómo la corrupción - *el peor cáncer de la sociedad* - florece en los rincones más oscuros de nuestro gobierno junto con empresarios impúdicos. De manera penosa, esto continúa. Por sus decisiones de estancar el crecimiento de la isla y de crear un ambiente de inestabilidad política, social y cultural son meritorios también de *'su tiempo se acabó'*.

Mi mentor, el empresario y escritor, Rubén Huertas señala que para identificar una decisión, a diferencia de una elección, un escogido o de una opción hay que observar tres elementos esenciales: 1) el líder se percata de que hasta ahora ha estado perdiendo el tiempo, 2) las metas se fijan más altas, precisamente para recuperar el tiempo perdido, consecuencia del primer elemento y 3) se puede ver con claridad cómo conseguirlas. No se trata de escoger, sino de hacer, actuar como si fuera lo único que te permitiera sobrevivir y salvar tu negocio y cada aspecto que te afecte como persona. Por eso, si tu proceso decisorio distorsiona tu mente y la verdadera razón para servir de manera consciente, definitivamente *"tu tiempo se acabó"*. Es tiempo de repensar entre lo que decides, lo que eliges y lo que haces por tu país.

¿Cuál es tu verdadero rostro?

Cuenta la historia que un tirano siciliano llamado Falaris fue elegido como general con poder absoluto en la ciudad de Himera, Sicilia. Para demostrar que era fuerte y controlador gustaba de quemar a sus opositores en un toro de bronce que mandó a construir. Los gritos de sus víctimas, según este, eran los bramidos del toro.

La historia global es un libro que también contiene capítulos escritos de atrocidades cometidas por aquellos líderes que con intenciones clandestinas aludían que buscaban elevar el orgullo de la patria y mejorar la economía de los países o regiones que gobernaban mientras sus ciudadanos empobrecían a granel y se les denegaba los derechos básicos de la educación, la libertad, la justicia y la igualdad. Falaris es un ejemplo pertubador de lo que es un líder fuerte corrupto, sin liderazgo alguno. Este tipo de líder se repite, una y otra vez, en el mundo.

En un fascinante artículo titulado *"Let's Not Confuse Strong Leadership with a Strong Leader"* de Rajrishi Sinahal (2020) se plantea la abismal diferencia entre un líder fuerte y un líder con estilo de un liderazgo fuerte.

Estas calamidades provocadas por inquietantes reyes, reinas, zares, emperadores, emperatrices, fundadores de naciones, fundadores de partidos políticos, generales, mariscales, capitanes hasta presidentes actuales tienen un elemento común: son definidos como líderes fuertes. La realidad es otra que denota que no existe un balance real de cómo servir cuando lo único que se quiere es tener poder y todo lo que connota acarrearlo.

En cada uno de ellos, hombres y mujeres, se siente el mismo tipo de líder a través de la historia: abusador, exterminador, perverso hasta el extremo de practicar el canibalismo y echar a los leones aquellos que reclamaban justicia, asesinar a sus padres y herederos para llegar al trono, quemar personas en hogueras por asuntos religiosos, desaparición forzada de personas, torturas, ejecuciones ilegales hasta desatender de manera contundente las crisis sanitarias, sociales y económicas de los pueblos de sus respectivos países.

Mientras investigaba sobre líderes que han deformado lo que es el concepto de liderazgo, me topé con una entrevista del 1997 realizada por la estupenda periodista Gabriela Cerruti (diputada en estos momentos) al llamado Ángel Rubio de la Muerte, el infiltrado entre las madres activistas, el comandante naval argentino Alfredo Astiz. En este intercambio de preguntas y asuntos terroristas ocurridos en Argentina durante la dictadura militar de Jorge Varela en la famosa Reorganización Nacional, Astiz cometió las peores torturas y desapariciones que se hayan registrado en dicha nación. Su manera de agravarlas era muy particular:

piloteaba aviones y desde las alturas lanzaba los opositores del régimen dictatorial. En plena entrevista, él comenta de manera natural y sin remordimiento alguno lo subsiguiente:

"Las fuerzas armadas tienen 50,000 mil hombres técnicamente preparados para matar. Yo soy el mejor de todos."

Esta aseveración me revolcó el corazón y me dejó sin respiración por un largo tiempo. El orgullo que sentía Astiz por lo que realizaba era totalmente abrumador. Sin embargo, la astucia de Cerruti de publicar la entrevista confesa sirvió para delatar y ventilar a la humanidad la organización genocida que se gestó en el transcurso de esos amargos años en Argentina.

Estos represores pensaban que no serían condenados por estos actos lesa humanidad; entretanto, la memoria perpetua de los que sufrieron la pérdida de padres, madres, hijos, abuelos, amigos, amigas, hermanos, monjas, compañeros turistas, entre otros, se obstinó en apresarlos y castigarlos.

Esta memoria, única en cada lugar que se ha vivido, tiene eslabones donde se permea la manera de intentar callar a los que sufrieron las torturas y las desapariciones intencionadas. Así se retrata en la población española que denunciaba ferozmente los actos inhumanos cometidos bajo el régimen franquista donde los políticos y sus instituciones gubernamentales se hacían vista larga de ello. Un régimen que intentaba a toda costa suprimir la visibilidad de aquellos que abogaban por sus derechos civiles y de la sana convivencia.

En un desgarrador documental transmitido por Netflix® – *El silencio de otros* (2020) – uno de los denunciantes llamado Chato detalló cómo fue torturado con las siguientes palabras: *"Aguantaba con rabia porque yo era un ser humano"*. Por otro lado, un adepto al General Franco afirmaba: *"Franco no se equivocó nunca"*. Esto plantea lo subsecuente: ¿será posible que puedan coexistir dos rostros que miran lo grotesco de la maldad y del sufrimiento humano con una luz distinta?

Ciertamente son dos rostros completamente distintos de la interpretación de un líder: uno, que sostiene una prolongada lucha para revivir una memoria silenciada por los políticos y el gobierno para que no sean exonerados los genocidas de sus crímenes y otra, que realza la estela sombría de un opresor y un exterminador de humanos.

En esta interpretación de lo que es ser un líder transparente y lleno de luz, tenemos dos grandes y contemporáneos ejemplos: Muhammad Yunus y el Chef José Andrés, ambos enfocados en ayudar y servir. Ambos reconocen que en el proceso de servir tiene que generarse valor a quienes lideran y que en este proceso se enfrentarán a situaciones desconocidas que de no profundizarlas creará para ellos un rostro deforme y lleno de parchos inefectivos.

Yunus, el primero de estos líderes transparentes, es un economista nacido en Bangladesh, banquero, filántropo, activista social, creador del Banco para los Pobres – Grameen – y recipiente del Premio Nobel de la Paz. A pesar de este impresionante perfil de vida, lo grandioso de él es cómo ha trabajado para aniquilar una de las peores calamidades de los humanos: no tener acceso a créditos comerciales para emprender y mejorar sus vidas al igual que la de las próximas generaciones en su país. En su libro *Creating a World Without Poverty*: Social Business and *The Future of Capitalism* (2007), se desnudan interesantes y sabias posturas llenas de empatía y compasión:

1) El gobierno debe hacer su parte para aliviar nuestros problemas, pero el gobierno solo no los puede resolver de manera contundente.

2) Como el gobierno solo no puede resolver la gama de problemas existentes, debemos responder al llamado social de servir. Sobre todo, trabajar para mejorar la situación económica de las mujeres que sostienen a sus familias y con cero experiencia empresarial que desean incursionar en nuevos proyectos comerciales. Esto a su vez logrará que otras mujeres se unan a este movimiento social y económico de vida.

3) Servir sin explotar a los pobres. Su profunda conciencia social rechaza el modelo histórico de hacer dinero a costa de quienes tienen poco y quieren progresar en la sociedad.

Según Juan Somavia (OIT), el microcrédito juega un papel crucial en la habilitación de la mujer. Ayuda a que estas experimenten por vez primera el respeto, la independencia y la participación en su comunidad y en su familia. De acuerdo con *Finanzas para Todos*, los microcréditos que se conceden a través del Banco para los Pobres corresponden a un 94%

para mujeres con una tasa de devolución del 97%. Esto se ha logrado sensibilizando al equipo de trabajo con situaciones diversas que ocurren: 1) si alguien no puede pagar, revisan sus políticas para flexibilizarlas, 2) se les hace ver que las ideas con las que llegan los prestatarios son importantes y 3) de no tenerlas, se les enseña a los oficiales del banco a practicar estas normas humanas:

"No soy lo suficiente inteligente para darte una idea de negocio. Tenemos dinero, pero no ideas. Por eso, Grameen se ha acercado a ti".

Por otro lado, en el banco se promueve que los empleados tengan conciencia de cómo beneficiar las vidas de quienes reciben estos microcréditos desde asegurarse que los prestatarios generaron ganancias, que hayan ahorrado dinero, que los hijos de estos asistan a las escuelas y de que todos se aparten de la pobreza. Cada logro representa un color distinto de una estrella hasta alcanzar la estrella roja, la estrella máxima de cambio de vida.

La otra figura de servicio a la humanidad es el chef español nacido en Asturias, José Andrés. Escritor, presentador de programas, filántropo, activista social, dueño de restaurantes y nominado al Premio Nobel de la Paz. Asimismo ha sido galardonado con varios premios internacionales, incluyendo dos estrellas Michelin hasta el Basque Culinary World Prize 2020 por su proyecto World Central Kitchen, en el cual se preparan y entregan comidas a miles de personas en zonas de desastres naturales y quienes viven esta terrible pandemia.

En el programa *Cocina frente a una pandemia* del canal TVE (2020), José Andrés compartió estas conscientes palabras sobre la hambruna global: "No puedo tener un restaurante dándole de comer grandes platos y que en la calle haya gente que no sepa que alimentan a sus hijos. Por lo tanto, debemos ser parte de esa solución. Estoy para demostrar que siempre hay un camino con acción, no con discursos". También él asevera que "hay una desconexión en el mensaje que se da para tratar con los problemas mundiales y sobre todo, con el hambre. Mientras los líderes mundiales proponen acabar con la pobreza, se van en los recesos de estas conferencias a los hoteles y restaurantes más lujosos de Manhattan a comer. Es imposible que con este enfoque pueda acabar".

Precisamente el 20 de julio del 2021, día en que el fundador de Amazon, Jeff Bezos, celebraba su hazaña de conquistar el espacio con la nave New Shepard de Blue Origin, este anunció que el Chef José Andrés sería uno de los primeros recipientes del *Premio Valentía y Civilidad* con una aportación de $100 millones, por ser unificador en este mundo tan divisivo. Afirmó Bezos, durante la transmisión televisiva por CNN "que necesitamos personas que defiendan y actúen con valentía por lo que creen, pero siempre de manera cortés, sin ataques".

Por un lado, la historia nos presenta líderes carcomidos por la corrupción, por el deseo insaciable de manipular las poblaciones civiles; pero por otro lado, vemos el rostro afable de líderes que sin dirigir naciones lideran vastas acciones y programas para salvar a la humanidad de la vil pobreza y del hambre. Ese es el rostro que la mayoría queremos recordar.

El callejón de la retirada

Regresaba a la oficina cuando noté que una conductora llegó a un callejón sin salida y luego, retrocedía lentamente de manera silenciosa. A simple vista y con tanta luz, era fácil percatarse que justamente al frente existía un callejón que le impediría llevarla al punto que deseaba.

Tomé esa acción para pausar y reflexionar: ¿qué habría pasado para que esta dama continuara a través del callejón y no visualizara antes que lo encontraría? Si era tan obvio, ¿por qué decidió continuar o por qué decidió retirarse?

Los humanos tendemos a medir a otros con nuestros pensamientos y con lo que esperamos debería ser el comportamiento correcto sin conocer la realidad de lo que está ocurriendo.

En ocasiones, como líderes nos topamos con callejones sin salidas que se convierten en callejones de la retirada. En estos, es probable que sientas que *"los lobos te habían mordido todos los talones"*, una aseveración suramericana que una vez escuché y se quedó impregnada para siempre. Estas palabras requieren que tomes una de estas rutas:

1. Continúas a pesar de que los lobos infligen un agonizante daño tanto para ti como para tu equipo. Se desmoralizan.

2. Buscas una salida temporera para que todos se recuperen, sanen y puedan posteriormente enfrentarse a los lobos, con estrategias y fuerzas renovadas hasta convertirse en los dueños de la ruta.

A través de la historia hemos contemplado que la decisión de un líder por una retirada pudiera recaer en un acto de rendición ante situaciones de salud, revelaciones de conducta inapropiada, corrupción moral, desastres financieros, movimientos ciudadanos que exigen la dimisión del líder, pobre manejo ante escenarios pandémicos o naturales y hasta conspiraciones organizacionales. En otros, según Enric Juliana (La Vanguardia: 2014) el acto de la retirada es *"un movimiento necesario e inteligente para evitar la derrota, reagrupar las fuerzas, reorientar la estrategia y preparar futuras victorias"*.

Detrás de este movimiento, media además varios planteamientos para reflexionar como líder: ¿estás solicitando sacrificios a los demás que no los tomarías?, ¿tienes la determinación, fuerza de carácter y valentía arraigada con valores éticos para ayudarte a retomar la ruta junto con tu equipo? La decisión de optar por la retirada requiere que el líder haya efectuado la mayor cantidad de preguntas posibles para tomarla, no a la carrera. En un terreno volátil, incierto, complejo y ambiguo (VUCA-Army), han trascendido importantes retiradas como las del flamante orador, político, estratega político y militar romano, Cayo Julio César, del siglo I a. C. Este estratega sagaz y agresivo escogió retirarse con sus tropas luego de desembarcar en Inglaterra y pelear más allá del río Támesis. Tiempo después, los soldados romanos recuperaron las Galias. Esto causó que mejoraran sus riquezas individuales al igual que las arcas del estado.

El efecto de retirarse y reagruparse hizo que se multiplicara el bienestar de su amada Roma. Julio César conocía muy bien que la holgura y el buen estado mental de sus soldados eran más importantes que cualquier flamante victoria donde tuvieran que morir por él. Según se establece en *8 Lecciones de liderazgo que puedes aprender de Julio César* por Game Learn Team (2015), "Julio César dormía, comía y hasta sangraba con sus soldados".

Otro exquisito ejemplo de retirada y reagruparse de manera exitosa es la que experimentó el General George Washington en la batalla de Long Island o de las Alturas de Brooklyn en 1776. Washington decidió retirar su ejército puesto que los británicos lograron controlar la ciudad de New York, a través del acceso al puerto. La evacuación realizada desde Manhattan sin perder ni una sola vida o sus suministros fue vital para que en las semanas siguientes con su nueva estrategia militar recuperara a New York.

Por otro lado, el general y emperador francés Napoleón Bonaparte tuvo momentos muy difíciles en 1812 cuando entró a Moscú con sus tropas y descubre una ciudad totalmente quemada, orquestada por el mismo zar Alejandro I, ante la genial dirección del general Mikhail Kutuzov. La decisión de Bonaparte de tomar a Moscú como diera lugar, hizo que él junto con su ejército vivieran un tumultuoso invierno, arriesgando la vida de la mayoría de sus soldados. De una victoria portentosa para la historia, esta pasó a convertirse en un monumental desastre.

En cambio una conquistadora aérea llamada Amelia Earhart, aferrada a sus decisiones de no retirarse a pesar de sus contratiempos y severas interrupciones presentadas en sus vuelos, pudo sedimentar el camino de las mujeres que deseaban incursionar en un campo no tradicional como el de la aviación. De acuerdo con Wikipedia, una de las cartas que Earhart envió a su esposo George Putnam, decía y cito lo siguiente: *"Las mujeres deben intentar hacer cosas como lo han hecho los hombres. Cuando ellos fallaron sus intentos, deben ser un reto para otros"*. Esta norteamericana se convirtió en la primera mujer en hacer un vuelo solitario en el Atlántico, la primera en hacerlo dos veces, ejecutar la distancia más larga volada por una mujer sin parar y el récord por cruzarlo en el menor tiempo. ¡Cuán increíbles y maravillosas son estas inigualables hazañas!

A pesar de su extraordinaria resiliencia ante tantas interrupciones y alteraciones personales y aeronáuticas, su última aventura alrededor del mundo ya presagiaba un mal sabor mientras trataba de conquistarla: daños medulares al avión cuando justamente iniciaba la primera etapa, graves condiciones del tiempo, continuas reparaciones de su avión en distintas etapas de este emprendimiento, contrajo la enfermedad de la disentería, optó por devolver los paracaídas puesto que consideró que no habría razón alguna para tener que usarlos y cálculos erróneos de la ruta que acelerara la pérdida esencial del combustible. Esta cadena de eventos y decisiones ayudó a que su avión Electra desapareciera en el Océano Pacífico en ruta hacia la Isla Howland el 2 de julio de 1937.

Probablemente una decisión de retirarse temprano en otra de las etapas de este gran viaje le hubiera salvado la vida al igual que la vida del navegante que la acompañaba Fred Noonan. El mundo hubiera sido testigo de más proezas y de su extensa labor como activista para que más mujeres tuvieran oportunidades en campos tan sorprendentes como la briosa aviación.

En cada uno de estos escenarios se palpa la importancia de hacer las preguntas imprescindibles para tomar a tiempo la decisión estructurada de la retirada y que esta sea el puente para dar paso a la reagrupación de fuerzas y energías necesarias, lo que nos permitiría adueñarnos de la ruta de la victoria o de la ruta donde ya aprendimos que podemos ser más fuertes que los lobos que no nos dejaban capturarla.

Asimismo la escritora Samantha Power, en su magnífico libro *Chasing the Flame: One Man's Fight to Save the World* (2008) comparte que el diplomático brasileño y promotor de la paz y alto comisionado de las Naciones Unidas para los Derechos Humanos quien fuera asesinado en el 2003 por la organización terrorista Al Qaeda, Sergio Vieira de Mello *"había dejado de creer que trajo soluciones a lugares con severas aflicciones y desgracias; pero había crecido en hacer preguntas que ayudaban a revelar ideas constructivas"*. Power nos presenta la dimensión fundamental del proceso de investigar a través de las preguntas que muy bien se ajustan al proceso de rendición, recuperación y rebote, luego de llevar a cabo la retirada deliberada.

En este proceso de rendición total o rendición parcial para rebotar, es imperativo evaluar el impacto y el costo de tomar una de las dos rutas delineadas.

1. ¿Cuál será el costo emocional de tomar una de las rutas?

_____
_____
_____

2. ¿Cuál será el costo físico de seleccionarla?

_____
_____
_____

3. ¿Cuál será el costo espiritual de la misma?

_____
_____
_____

4. ¿Cuál será el costo económico de escogerla?

_____
_____
_____

5. ¿Cuál será el costo de tus sueños actuales y futuros si tomas una de las rutas? ¿Qué podría perderse?

_____
_____
_____

Una vez puedas completar este análisis sencillo, pero crucial, podrás tener un panorama del impacto que habrá en cada uno de estos elementos y qué ruta será la más conveniente en ese momento. El callejón de la retirada es más que un callejón, es una oportunidad de transformación para ti y tu equipo.

En la esfera política moderna también hemos presenciado salidas monumentales que crearon las bases para que otros pudieran liderar ampliamente. La exprimera ministra del Reino Unido, Theresa May, promulgó en el 2019 estas palabras: *"He realizado todo lo posible; pero no ha sido lo suficiente"*. Durante tres años enfocó todos sus esfuerzos en liderar a su pueblo en el proceso Brexit, la salida del Reino Unido de la Unión Europea. Empero, sin ver la luz al final del túnel decidió dimitir a su rol de primera ministra y líder del Partido Conservador.

Otro interesante ejemplo es el de Margaret Cushing Whitman, conocida como Meg Whitman, quien en el 2008 decidió retirarse, dejar a la compañía eBay® luego de acrecentar sus ventas sobre ocho billones de dólares puesto que había determinado que diez años era el término razonable para que un CEO sea efectivo en una organización. En su autosalida o retirada, cambió de industria para probar una esfera tan diferente como la política. Aunque no pudo realizar su sueño de convertirse en la gobernadora de California en los Estados Unidos, regresó al mundo que conocía a través de Hewlett-Packard. Whitman ha sido una de las CEO más exitosas en los Estados Unidos y una de las mujeres más influyentes del mundo. Conocer cuándo retirarse, recuperarse y rebotar es vital para el camino a tomar en la vida.

De igual manera, otros líderes y ejecutivos empresariales que fueron forzados a renunciar y que regresaron más fuertes, como Steve Jobs de Apple® o que entregaron el mando para experimentar nuevas áreas de crecimiento en la misma compañía, como el caso de Howard Schultz de Starbucks® - plantean una gran introspección de cómo regresar para reestructurar sus compañías, evolucionarlas y recuperar su sitial en los mercados y las ventas. En estos casos, la retirada forzada o autodeterminada, logró causar el efecto positivo del esperado rebote.

Durante el proceso de tomar decisiones, se espera que el líder desarrolle un hábito honesto y consciente de analizar los errores cometidos y los fracasos para determinar qué lecciones aprendidas surgieron en dicha fase y cómo no repetirlos. Justin Bariso de la revista digital Inc. señala que Garry Kasparov, considerado por muchos como el mejor jugador de *chess* en el mundo, retirado desde el 2005 y con un amplio aprendizaje de 20 años de éxitos y fracasos a través del proceso de competir, utiliza y mantiene un hábito de analizar los errores cometidos para luego recuperarse con fuerza y ganar. Kasparov afirma que *"si no lo haces, menor será tu probabilidad de mejorar rápidamente. Mientras más comprendas la naturaleza y el perfil de tus errores, más ágil será la recuperación de estos"*. Lo cautivador de este hábito es que Kasparov lograba al día siguiente de la competencia ganar cuando se pensaba que sería derrotado por lo que vivió el día anterior. El proceso de analizar sus errores elevaba su confianza y su habilidad de realizar mejores jugadas.

Por eso, te invito a que utilices el análisis que se presenta en las próximas páginas (116-117) sobre el manejo de situaciones o problemas y sus causas, basado en la herramienta japonesa ***Diagrama Fishbone o Espina de Pescado*** la cual te ayudará a evaluar tus decisiones. El callejón de la retirada requiere que no se escondan los errores debajo de una alfombra que aparenta estar limpia y fresca en la parte exterior, pero que podría sorprendernos por la magna suciedad de su interior.

De igual forma, este callejón te empuja a reconocer que no se deben ignorar las personas a quienes lideras puesto que a través del distanciamiento de la realidad en el proceso decisorio de retirarme total o retirarme parcial para recuperarme y rebotar, afecta el crecimiento verdadero y honesto de estos, sobre todo, de la creación de más líderes.

Diagrama Fishbone o Espina de Pescado

¿Por qué no me recuperé luego de tomar la decisión de la retirada?

Problema

Me retiré y no me recuperé

Comunicación (C)
- Poca o cero retroalimentación
- Expectativas no claras
- Mensajes confusos
- Información clave no se comparte

Apoyo (C)
- Poco apoyo familiar
- Poco apoyo de los equipos de trabajo
- Poco apoyo de mi círculo de influencia
- Promesas rotas

Salud (C)
- No duermo
- Muy deprimido
- No controlo mis emociones
- Estoy desenfocado

Ambiente / Estatus Sicológico (C)
- No toleré mis errores, soy culpable del fracaso
- No tengo honradez ni dignidad
- No siento motivación alguna
- Siento que mis talentos y destrezas se desperdiciaron

C = Causa

116 | El Despertar de la Conciencia de un Líder

Diagrama *Fishbone* o Espina de Pescado

Reflexión especial sobre cómo analizar situaciones y problemas que impactan tu vida y tu liderazgo: La herramienta del **Diagrama Fishbone o Espina de Pescado** *(*pág. 116) utilizada para el ejercicio de la retirada como líder te permitirá identificar qué causó que no rebotaras como pensado, o pudieras atender el problema mucho antes, como en la historia de la conductora que continuó por el callejón sin salida, a pesar de verlo. Cuando desmenuzas las causas y subcausas, podrás comprender qué afectó tu decisión y podrás evitar repetirlo en el futuro.

Esta herramienta, una de mis favoritas a pesar de que existen otras filosofías recientes, representa una buena base para evaluar problemas. Fue desarrollada en el 1943 por el Dr. Kaoru Ishikawa, experto en calidad japonesa y global, quien promovía el análisis estructurado y simple de un problema con sus causas/subcausas para erradicarlo. En el ejemplo de la retirada sin recuperación (*el problema - la cabeza del pescado*) presenta cuatro causas (*comunicación, apoyo, salud y ambiente/estatus sicológico*) al igual que las subcausas. Este proceso te ayudará a identificar una solución efectiva para rebotar posterior a la retirada. Igualmente, aplícalo en tu liderazgo. Analiza qué situaciones han generado problemas cuando prestas menos atención como líder, quiénes son sordos ante los demás hasta problemas mundiales relacionados con la riqueza desmedida que discrimina los desvalidos, los marginados, invalida la educación y la igualdad para todos.

Ahí viene la llamarada

Era de madrugada...exactamente el reloj marcaba las 2:31. Desperté de manera inusual ante un golpe enloquecido que prometía derrumbar la puerta del apartamento. Alarmada fui a la sala y por el ojo de la puerta, observé que era un bombero muy alto.

Abrí la puerta con el corazón en la boca. Algo estaba mal. Tomé las llaves del apartamento y del auto, y seguí al hercúleo bombero hacia las escaleras. Imaginar como bajaría 14 pisos de escaleras, de manera calmada y rápida era un asunto de valor. Antes de comenzar con el descenso, pregunté al bombero, al héroe de esta historia, si había ayudado a mis vecinos que eran discapacitados y uno de ellos estaba en silla de ruedas. Me contestó que sí. Otros compañeros ya los estaban cargando.

A pesar del momento que estaba viviendo, me sentí aliviada que ellos estarían seguros al tener la posibilidad de llegar salvos a la entrada del edificio. Eran seres extraordinarios que merecían vivir. Esa madrugada fui la última en tomar las escaleras. Mientras descendía por las escaleras de forma ordenada, me percaté que otros hacían lo mismo. Seguimos las instrucciones para asegurar nuestra supervivencia. Sabía que si alguno de nosotros se desesperaba era probable que la mayoría rodara como el efecto dominó y otros quedaríamos atascados en un mismo piso, lo que haría que el fuego nos devorara.

De súbito, un ruido inaudito llenó el espacio. El líder de una compañía manufacturera muy reconocida en la isla bajaba de modo precipitado, empujando y con cara de máximo terror. Nunca olvidaré su rostro y cómo quería con gritos que lo dejáramos pasar. Era como si no le importara el valor de nuestras vidas. Ignoró que su vida y la nuestra eran igualmente valiosas.

Con su impetuoso comportamiento, solo le tomó menos de un minuto romper, destrozar, hacer pedazos, triturar su imagen de líder. Dejó de ser ecuánime, dejó de tener equilibrio y sobre todo, denotó cuánto egoísmo llevaba en su corazón. Solo importaba él.

Uno de los mejores corredores en la historia de Fórmula 1, Juan Manuel Fangio decía: *"Es más difícil vivir que correr. Las carreras duran un par de horas, pero la vida dura toda la vida"*. En el momento de crisis o dificultad descubrir que un líder como este solo piensa en sí, se convierte en una frágil llamarada. Se apagó muy pronto. Se desvaneció, se esfumó. Descubrir que no tenía la capacidad de entender el sufrimiento y la desesperación de los demás, en una situación como esta, fue una realidad que no esperaba.

En este fuego el primero en llegar al estacionamiento fue él, gracias a su manera brusca e insensible de tratarnos, incluyendo a los rescatistas. En dicho estacionamiento se quedó solo y muy solo, hasta que el resto logró su descenso. Mientras desaparecía su liderazgo, 252 personas llegamos salvos. El fuego que comenzó en el quinto piso había sido controlado, por lo que cuatro horas más tarde, pudimos acceder nuestros apartamentos.

En esta manifestación de crisis, el líder fue consumido por el fuego, el líder que pensábamos que era apacible y con un alto sentido de colaborar con su gente, ¡qué falsedad! No lo pudo manejar y puso en peligro 252 personas.

Por otro lado, a través de estos años, he agradecido a este héroe, al bombero, que se mantuvo de manera consistente y por largo rato, hasta que logró sacarme del apartamento. Un rico acondicionador de aire impidió que respondiera de forma inmediata a su llamado de rescate. Empero, su tenacidad y su alto sentido de valorar a la gente al igual que nuestro bienestar, hizo que él y su equipo nos rescataran de las garras del fuego.

Por el contrario, el comportamiento egoísta y apresurado del supuesto líder cambió mi manera de ver los líderes empresariales. Pude ver con claridad que eso no era, como el líder de esta lección, en quién quería convertirme y mucho menos apagarme como una ilusa llamarada.

Como dice el Dr. John Shosky en So You Want To Be a Politician: *"El buen carácter es esencial para la confianza pública"*. Lo que vemos y escuchamos permite que el líder se gane nuestro respeto y nuestra conexión humana. Por ende, que deje de apagarse como una llamarada. Esta dualidad de líderes, nos obliga a reflexionar sobre los siguiente elementos:

1. De tu comportamiento como líder ¿qué tres cosas te gustaría limpiar/extinguir y qué tres cosas te gustaría corregir?

   Limpiar/extinguir/corregir

   _____
   _____
   _____
   _____

2. En alguna ocasión, ¿has tomado la responsabilidad de otro líder que actuó de manera impulsiva y equivocada? ¿Por qué?

   _____
   _____
   _____
   _____

3. Las acciones tomadas para rescatar a otro líder, ¿arriesgaron tu honor y valor?

   _____
   _____
   _____
   _____

4. En algún momento, ¿has decidido tomar una acción y luego te percataste que la misma fue muy precipitada?

   _____
   _____
   _____
   _____

5. ¿Qué proceso realizarás para que tus decisiones emocionales no afecten a los demás como la historia compartida?

   _____
   _____
   _____
   _____

Separa tiempo, cada día, para estudiar la imponente y francotiradora realidad del ego. Que este no consuma la energía que necesitas para liderar a quienes buscan un ejemplo a seguir. Por otro lado, evita desmoronarte y convertirte en una mera llamarada, en una simple expresión temporera que pierde su intensidad y valor en los momentos cruciales de liderazgo.

Un líder auténtico busca siempre ayudar a los demás, sin importar lo que está viviendo. De esta manera, puede marcar con su luz el camino de quienes se acercan a él para tener una vida mejor y crear un legado de excelencia.

Zapatos con honor

Si votas por nosotros, te quedas con los zapatos…una atractiva oferta para alguien que deseaba tener otro par de zapatos en la década de los '50' en Puerto Rico. Para una dama casada con once hijos que cuidar y alimentar era un alivio económico, era justamente lo que necesitaba.

Empero, no fue a votar, no creía en ellos. Sabía que le quitarían los zapatos, pero no su integridad. Poco tiempo después, se cumplió el adagio que esperaba esta dama. Los oficiales confirmaron que no había votado; por lo que sin tristeza alguna le quitaron el medio para comprarla: sus zapatos nuevos. Ella sin trastorno alguno, los entregó. Mantuvo su honor y firmeza ante lo que para ella era un acto vil contra el voto limpio y transparente.

Esa dama era mi abuela, Ana Rosa, la dulce protagonista de 'A la expectativa'. De ella aprendí a no vender ni enterrar mis valores. A ser siempre íntegra y honesta.

En la telenovela histórica brasileña, Josué y la tierra prometida (2016), Boán, el líder de la tribu de Rubén, menciona que *"no se puede esperar de las personas lo que no pueden ser"*. Con esta compra de votos, no puedes esperar más, sino insensibilidad por los demás y una necesidad extrema de controlar la dignidad de quienes podrías afectar el resto de tu vida. *"Son seres que si se muerden la lengua, podrían morir envenenados"*, otra cita adaptada de esta épica y estremecedora telenovela.

Los líderes que usan artimañas y señuelos con suspicacia para atraer adeptos y confundirlos con sus enmascarados propósitos regularmente han estado de moda. De la mitología griega se desvela una diosa llamada Circe que con sus engaños convirtió en cerdos a los hombres del valiente y héroe de la Ilíada, el gran Ulises.

En la actualidad, estos engaños los identificamos por todos lados: desde compañías manufactureras que controlan los precios de los medicamentos, excluyendo de cierta manera a los que menos tienen poder adquisitivo, gobernantes que se roban el dinero mediante esquemas de contratos ilícitos, empleados fantasmas, gobernantes que han sido repudiados ampliamente mientras se encadenan a sus funciones políticas para continuar saqueando hasta secuestrar la integridad del derecho al voto, como lo vivimos en Puerto Rico en pleno agosto 2020.

En diciembre de 2003, el entonces Secretario General de las Naciones Unidas, Kofi Annan emitió en Mérida, México el siguiente profundo mensaje en una conferencia política de alto nivel para la firma de la Convención de las Naciones Unidas contra la Corrupción, patrocinada por el Presidente Vicente Fox. Este extracto se presenta con propósitos educativos y de crecimiento para nuestro liderazgo. Cito:

<<"Ningún país – rico o pobre – es inmune a ese fenómeno maligno. Tanto el sector público como el sector privado resultan afectados. Y es siempre el bien público el que sufre.

Pero la corrupción perjudica a los pueblos pobres de los países en desarrollo en forma desproporcionada. Afecta su vida cotidiana de muchas maneras diferentes y tiende a empobrecerlos aún más, al negarles su participación legítima en los recursos económicos o en la ayuda que salva vidas.

La corrupción pone los servicios básicos fuera del alcance de los que no pueden darse el lujo de pagar sobornos. Al desviar los escasos recursos destinados al desarrollo, la corrupción también hace más difícil satisfacer necesidades fundamentales, como las de alimentación, salud y educación.

Crea discriminación entre los diferentes grupos de la sociedad, trae desigualdad e injusticia, desalienta la inversión y la ayuda extranjera y obstaculiza el crecimiento. Es, por consiguiente, un obstáculo importante a la estabilidad política y al éxito del desarrollo social y económico">>.

De otro momento, cito lo siguiente: <<"El principal reto que enfrentamos en la actualidad es asegurar que los pueblos de todo el mundo puedan vivir con dignidad, libres de la pobreza, el hambre, la violencia, la opresión y la injusticia. Para muchas personas integrantes de sociedades corruptas, esas libertades siguen siendo sólo un sueño">>.

Mark L. Wolf, un juez estadounidense, quien funge como director de las Iniciativas de Integridad Internacional de la ONU, destaca en un artículo publicado por BBC Mundo (2018) dos tipos de corrupción: *la menor y la gran corrupción* de los cleptócratas. La menor es aquella donde nosotros, como ciudadanos ordinarios, experimentamos requerimientos de sobornos para recibir servicios públicos, similar al del caso de mi abuela o para recibir protección de la policía. En la Décima Edición del Barómetro Global de la Corrupción – América Latina y el Caribe (Transparencia Internacional |Transparencia Mexicana, 2019), se presentó un perfil de México muy particular: una de cada tres personas recibió un soborno a cambio de su voto, y una de cada cuatro, fue amenazada con represalias. Espeluznantes hallazgos.

Por el contrario, la gran corrupción es aquella donde los líderes de las naciones personifican el abuso de su puesto público para beneficio privado. Esta última, es la misma que planteó Kofi Annan en la conferencia del 2003 en Mérida. Mientras se desvíen estos fondos, los ciudadanos no podrán satisfacer sus necesidades básicas. Lo que se malgasta en acuerdos y contrataciones ilícitas, sea de maquinaria, tratamientos médicos inexistentes, petróleo o fuerza militar, financiamiento de campañas oscuras, socavan el crecimiento y el desarrollo de un pueblo.

En nuestra isla, Puerto Rico, hemos vivido grandes corrupciones; no obstante, una de las más dolorosas experimentadas fue justamente cuando el huracán María literalmente se tragó nuestro vulnerable y débil sistema eléctrico en el 2017. En el proceso de recuperación, la administradora adjunta de la Agencia Federal para el Manejo de Emergencias (FEMA), a la cual Puerto Rico pertenecía en su región, la señora Ahsha Tribble, presionó a los dirigentes locales para que contrataran los servicios de Cobra Acquisitions con una inversión de $1,800 millones a cambio de que si no lo hacían, dicha agencia no podría reembolsar esos fondos. Lo que se descubrió es que Tribble tenía una relación personal con el presidente de Cobra, el señor Donald Keith Ellison. Esta aceptó sobornos para que se otorgaran dichos contratos federales, a pesar de que los dirigentes locales habían insistido en que podía trabajarse con el personal de la isla.

En esta gran corrupción (The New York Times – Centroamérica y el Caribe, 2019), no solo se facilitó la contratación irregular de esta compañía, sino que la misma Tribble aceptó regalos muy dulces de Ellison: viajes privados en helicópteros para conocer a Puerto Rico, un apartamento en New York, servicios de seguridad personal, estancias en hoteles en distintos estados y hasta el uso de tarjetas de crédito de este. Un romance lleno de corrupción a costa de la desgracia de un país que gracias a los investigadores estos personajes fueron arrestados y despojados de sus puestos de servicios.

Esto nos abre los ojos puesto que para exterminar la corrupción es menester reconocer dónde se esconde. Para conocer a fondo el nivel de corrupción en el sector público es importante utilizar, por lo menos una base concreta: un índice.

Según la coalición global contra la corrupción, Transparency International, el Índice de Percepción de la Corrupción 2019 (IPC) calificó a 180 países y territorios con una escala que presenta un rango desde 0 (máxima corrupción percibida) hasta 100 (ausencia de corrupción percibida). En el IPC del 2019, se encontró que más de dos tercios de los países tienen una puntuación menor a 50, y el promedio es de solo 43 puntos (Transparency International, 2020b).

Los países con las puntuaciones más altas en el 2019 son Nueva Zelanda, Dinamarca, Finlandia, Singapur, Suecia y Suiza. Los países con las calificaciones más bajas son Somalia, Sudán del Sur, Siria, Yemen, Venezuela, Sudán, Guinea Ecuatorial y Afganistán. En cuanto a las Américas, han sido percibidas con muy poco progreso para luchar sostenidamente contra la corrupción (puntuación media de 43 puntos).

Este índice ha demostrado desde 1995 que los países capaces de cumplir con las regulaciones limpias de financiación de campañas políticas al igual que aquellos que promueven un claro e íntegro proceso para consultar decisiones con la ciudadanía se desempeñan de manera transparente y con poca corrupción.

La realidad es que mientras se realizan grandes esfuerzos globales para denunciar estos actos delictivos y criminales, perseguir y encarcelar estos bandidos, los casos siguen aumentando en proporciones abismales. Uno de estos casos que más repercusiones globales ha tenido es el caso de la compañía Odebrecht, la famosa constructora de Brasil, que pagó sobornos estimados en $780 millones en distintos países durante 15 años: Angola, Argentina, Brasil, Colombia, Ecuador, Estados Unidos, Guatemala, México, Mozambique, Panamá, Perú, República Dominicana y Venezuela para obtener contrataciones sobrevaloradas, influenciar campañas políticas presidenciales, influenciar senadores y diputados, al igual que promover nuevas leyes y reformas a favor de estas contrataciones y cambios en la construcción o aperturas de nuevos mercados (Transparency International, 2020a).

El Departamento de Justicia de los Estados Unidos sostiene que estos sobornos le generaron $3.34 billones. En la lista de los sobornados y que aceptaron sin remordimiento sus jugosas compensaciones se encuentran los siguientes culpables y ahora expresidentes: Luis Inácio Lula de Silva (Brasil), Mauricio Funes (Salvador), Ricardo Martinelli (Panamá) y Alan García (Perú - quien se suicidó el día que la policía se dirigía a arrestarlo). Por otro lado, en agosto de 2020 se dilucidó en México la relación de tres expresidentes con Odebrecht (The Guardian, 2020): Enrique Peña Nieto, Felipe Calderón Hinojosa y Carlos Salinas de Gortari, de acuerdo con un documento sometido por Emilio Lozoya Austin, exdirector de Petróleos Mexicanos (PEMEX).

Se multiplican como el milagro bíblico de los 5,000 panes y peces que alimentaron a los seguidores hambrientos de Jesús. Aquí alimentan a escrupulosos que le quitan a los ciudadanos la posibilidad de tener un mejor futuro. Desde los dirigentes corruptos de la FIFA (Federación Internacional de Fútbol) denunciados en el 2015; el tráfico de jade en Myanmar que beneficia a capos de la droga y propulsan conflictos armados; el Banco Espíritu Santo de Portugal con evasión de impuestos y blanqueo de capitales hasta el expresidente egipcio Mohamed Hosni Mubarak con una suculenta desviación billonaria de fondos.

Así también hemos sido testigos de otros tipos de corrupción en el mundo: el exmonarca español Juan Carlos I es investigado por haber recibido una supuesta transferencia saudita en el 2008 por $100 millones, en un banco suizo, alegadamente como un pago de comisión al interceder en un contrato ferroviario de un consorcio español con los sauditas y luego abandona su país ante este proceso judicial; un juicio político en el 2019 para destituir al presidente Donald Trump por abuso de poder y obstrucción contra el Congreso de los Estados Unidos de América que no tuvo peso contra él ni contra sus prácticas antiéticas y hasta el asesinato cruel del presidente de Haití en el 2021 - Jovenel Moïse, organizado y cometido por oscuras fuerzas políticas aliadas con mercenarios locales y extranjeros.

Cada día, se revelan más escenarios como estos que trastocan la salud y la credibilidad del liderazgo, en general. Peor aún, que los nefastos líderes utilicen las plataformas sociales para autoproclamarse dictadores gratos como el caso del presidente de El Salvador, Nayib Bukele, 'el dictador más *cool* del mundo mundial', luego de presentarse ante las Organizaciones Unidas en septiembre 2021 es realmente humillante. Por eso es imperativo evaluar, en nuestro entorno, estos elementos para erradicar la corrupción:

1. Como líder, justipreciar quiénes son parte de tu círculo de influencia puesto que aquellos que se alejan del camino de la transparencia, la ética y la integridad deben ser expulsados del mismo.

   _____
   _____
   _____

2. Como líder, ¿qué programas podrías desarrollar para reducir la desigualdad social y económica creada por los recursos que perdemos ante la corrupción?

   _____
   _____
   _____

3. ¿Qué lecciones quieres recordar en cuanto a situaciones en las que tuviste que demostrar coraje, valor y transparencia para denunciar actos organizacionales, familiares o sociales que no pareaban con tus valores?

   _____
   _____
   _____

4. De forma colectiva, exigir la transparencia en las comunicaciones de los políticos. En Puerto Rico, el exgobernador Ricardo Rosselló se vio obligado a dimitir de su cargo por impetuosas y alegadas irregularidades en un chat que reveló la poca o nula empatía por las víctimas de los efectos del huracán

María, tramas políticas, el uso de un lenguaje soez y vulgar de la mayoría de los que participaban en el mismo, incluyéndolo.

Esto dio pie a una investigación sobre contrataciones ilícitas del gobierno que aunque no se concluyó ni hubo personas procesadas, el pueblo se unió y protestó sin descansar con movimientos globales hasta que el 2 de agosto de 2019 renunció a su cargo de gobernador.

5. Nomina en *Transparency International* los protagonistas de actos de corrupción para que sean investigados globalmente, ya sea por lucrativas campañas políticas y compra de votos, abusos de poder, contrataciones sobrevaloradas o ilícitas y hasta por lavado de dinero.

Un líder integral trabaja con su desarrollo ético y sus cualidades internas - con su yo interior - mientras que un líder enfocado solo en los aspectos técnicos de lo que se desempeña, dedica su esfuerzo principalmente a trabajar con sus cualidades externas - lo que puede ver la gente, aunque estas discrepen con quién realmente es.

Clamaba el gran Facundo Cabral: *"Si amas al dinero a lo sumo llegarás a un banco, pero si amas a la vida, seguramente llegarás a Dios"*. Para mantener los zapatos con honor así como a los que renunció mi Abuela, es hora de que nuestra voz, escrita o hablada sea utilizada para reformar el crecimiento de los pueblos y de su libertad; sobre todo, para acercarnos más a nuestro Creador.

Reflexión

Observa tu **Yo**.

¿Qué cualidades conforman tus zapatos de liderazgo?

¿Existe algún conflicto entre la conciencia y la realidad en este liderazgo?

Miss… por fin salió de la baticueva

Era un martes, 16 de julio del 2019, un día tan candente y brumoso similar a lo que estábamos viviendo en el entorno político en la isla. Con tantas noticias de corrupción y tanta negatividad de los compañeros de la oficina, decidí salir en el auto, acción muy inusual a esa hora de la tarde. Necesitaba desconectarme por un momento para regresar más enfocada y encauzada.

Me acercaba a la luz del semáforo cuando Kike, el estelar vendedor de donas, me dice muy serio: "Miss…por fin salió de la baticueva, algo debe pasarle. Si no respira, no se relajará. "¿Qué le pasa?". Me quedé atónita que pudiera reconocer en segundos cuán cargada estaba.

Kike es un personaje de la calle muy particular. Desde muy temprano ofrece agua, refrescos y donas con una estupenda sonrisa, bien vestido y dando consejos sobre la vida y sus situaciones, lecturas para crecer y películas para mejorar nuestro liderazgo. Mientras nos motiva a ser mejores y a cuidarnos, él hace lo mismo para sí.

Su vida es un compendio de altibajos. Provenía de una familia adinerada y con negocios exitosos; no obstante, sucumbió ante las drogas. Lo perdió todo. Ahora, es el mejor vendedor de la calle. Su transformación es contundente. Su colaboración como nuestro detector de estados de ánimo es impresionante y la calidad de sus sugerencias para elevarnos, es deslumbrante.

Al comparar este personaje de la calle y su impetuoso deseo de ayudarnos, noto el contraste de las personas que se infiltran en el medio más preciado de los líderes: su círculo de influencia. En el círculo de los líderes se involucran personas que muchas veces lo que buscan es empequeñecer nuestro crecimiento y nuestra luz para brillar. Son como las acciones de Procusto, el posadero griego que acostumbraba a cortar la cabeza o las extremidades de los viajeros que se alojaban en su negocio una vez llegaba la noche.

Si el viajero era más largo que la cama, se enfocaba en cómo eliminar los excesos de sus partes para que se ajustara al tamaño de la cama; si el viajero era más corto que la cama, lo estiraba tanto hasta que este fallecía. En ambos escenarios, su propósito era el mismo: evitar que fueran mejor que él. A esto se le conoce como el *síndrome de Procusto*: no puedes destacarte más que yo; no seas diferente a mí.

Kike, quien en un momento lo tuvo todo, nos presenta lo contrario: su deseo de que las personas en su entorno comprendan la importancia del crecimiento y de que no se detengan a pesar de sus problemas o calamidades. Decía John Carlin en el libro *La sonrisa de Mandela* que "*un líder de verdad es alguien que nos puede ayudar a superar las limitaciones de nuestra pereza individual y de nuestro egoísmo, de nuestra debilidad y miedo para lograr que hagamos cosas mejores y más difíciles que lo que podamos hacer por nosotros".* El vendedor de donas se ha convertido en un instrumento de superación y de evaluación puesto que te obliga, de cierta manera, a reflexionar en lo que te está pasando en ese crucial instante. Te obliga a pausar, a respirar y a identificar correctamente la solución a tus problemas.

Sin saberlo, Kike, ha adoptado un estilo socrático para preguntar como me pasó: ¿qué le pasa? Una pregunta sencilla y para algunos, obvia; no obstante, una pregunta que podría dar luz a lo que se vive en ese momento. Por eso, un líder tiene que preguntar hasta lo básico para ampliar la comunicación y la confianza entre su equipo. De igual modo, autocuestionarse lo siguiente, para elevar su conciencia humana y aprendizaje de vida:

1) De tus necesidades, ¿cuáles se mantienen sin cumplir de manera regular? ¿Por qué?

2) ¿Qué te gustaría experimentar en tu vida? ¿En tu trabajo? ¿En tu negocio? ¿En tu familia?

3) ¿Qué tipos de comportamientos quisieras dejar de experimentar más en tu vida?

4) ¿Qué te gustaría oír de tus pensamientos?

5) ¿Qué te gustaría dejar de oír en tus pensamientos?

6) ¿Cómo tus creencias y valores crean prejuicios innecesarios y baldíos?

7) ¿Cómo tus creencias y valores despiertan tu conciencia como líder y como miembro de la sociedad?

8) ¿Qué tipo de preguntas bloqueas como líder, aunque las respuestas sean obvias?

En el magnífico libro *Conscious Leadership* (Mackey et al, 2020: 227) se comparte este enunciado: *"Una vida de un liderazgo consciente, demanda que encontremos maneras de expresar nuestras convicciones y un llamado profundo en las acciones que tomamos cada día".*

Kike, este personaje de la calle, con empatía abrió una puerta para provocar un análisis sobre la autoconciencia, la evaluación de mis emociones, pensamientos, necesidades, fortalezas y debilidades, incluyendo el proceso en que baso las decisiones diarias. Al salir de la baticueva, despertó un aire de conciencia distinto al que se considera cuando estamos totalmente opacados y abrumados por lo que sucede en nuestro entorno.

De hecho, este entorno puede contrastarse con nuestro cuerpo humano. Nuestras arterias coronarias con el tiempo se dañan por depósitos de grasa, colesterol y calcio. Esto ocasiona que se reduzca el flujo de sangre que debe llegar al corazón, lo que debilita nuestra probabilidad de vivir de manera digna y abundante. Cuando nuestro liderazgo está bloqueado por depósitos de odio, racismo o indiferencia social, sencillamente este no puede tener profundidad ni capacidad para demostrar que puede entender a otros en sus peores momentos. Si no reconocemos el estado emocional o mental de las personas a quienes lideramos, nuestra misión de servir se ahoga con meras palabras.

Empero necesitamos personas que nos cuestionen, que nos apoyen, que nos ayuden a descubrir nuestra verdad, que despierten nuestra conciencia, que vean nuestro potencial y en lo que podríamos convertirnos. Que nos ayuden, incluso, a ver el mundo con sus contrastes, claros y oscuros a la vez.

Por eso, detente, haz una pausa y pregunta a un miembro o colaborador de tu equipo, de tu hogar o de tu círculo social que muestra en su rostro preocupación, las palabras poderosas de Kike: **"Miss…algo debe pasarle. Si no respira, no se relajará. "¿Qué le pasa?".**

Con esta lección, cierro el ciclo de las historias de la vida real que nos enseñan el amor hacia los fundamentos y los principios indiscutibles e inalterables del liderazgo, los cuales rechazan las posturas de terror de los líderes adversos. Doy paso, entonces, a una serie de entrevistas a líderes inmersos en distintas industrias y de interesantes lugares del mundo que con sus experiencias nos invitan a crecer y a empoderarnos como creyentes practicantes del liderazgo. ¡Acompáñame, disfruta y aplica en tu vida sus meritorias aportaciones!

Parte IV

Entrevistas

La semilla del liderazgo

Rubén Huertas es un banquero, empresario, inversionista, orador profesional global, escritor y autor de diecisiete libros (hasta el 2021), enfocados en el desarrollo personal, liderazgo, mentoría, coaching, bienes raíces, financiamiento comercial e inversiones.

De manera afable, conversó sobre estos interesantes puntos.

1. ¿Cómo ve el liderazgo en la calle? ¿Qué se plantea sobre este asunto?

"Existe mucha confusión sobre lo que representa liderazgo. Títulos y cargos de autoridad se manejan como si las personas que los ostentan fuesen líderes. Por otro lado, existen aquellos que sí asumen el rol de líderes sin necesariamente tener algún tipo de reconocimiento social que los distinga. Ciertamente estamos viviendo en una era donde la esencia del liderazgo es preocupantemente escasa. Incluso, se ha llamado a la era en la que estamos viviendo, "La Era de la Post-Verdad". Esto significa que la verdad como esencia del entorno de la vida y nuestro desempeño se ha esfumado".

Muchas decisiones se toman basadas en falsedades que los que las toman piensan que son verdades. Una de las responsabilidades de un líder es identificar la realidad, su realidad, que no es otra cosa que obtener claridad de pensamiento con respecto a todo aquello que representa la "verdad". Por ende, la escasez de líderes reales pudiese ser uno de los resultados de eso que se ha denominado "La Era de la Post-Verdad". Esto crea una situación donde cada día más se entrelazan las verdades con las falsedades y dificulta la toma de decisiones acertadas.

Una persona que aspira a servir como líder debe darse a la tarea de estudiarse y estudiar aquellos temas que le correspondan, donde tiene que tomar decisiones con frecuencia y como parte de sus funciones regulares. Estudiarse ayuda a mitigar el tema tan delicado de la autodecepción, donde vivimos en un mundo mental que es totalmente diferente a lo que muchas veces es nuestra realidad. Estudiar y profundizar en aquellos temas que nos corresponden, nos ayuda a ir descubriendo poco a poco lo que realmente representa la base, el fundamento, los principios, las leyes universales que rigen nuestra práctica de vida, llámese lo que se llame, carrera, negocio, profesión, cargo o responsabilidad social.

Recientemente un amigo me preguntó porqué sigo leyendo y estudiando sobre mi profesión de bienes raíces comerciales. Me preguntó si después de cierto tiempo no se convierte en algo repetitivo todo lo que aprendo. Me pareció una observación interesante. Luego de reflexionar un poco sobre dicho comentario, le dije que todas las semanas aprendo algo nuevo que desconocía totalmente la semana anterior, aún después de llevar sobre un cuarto de siglo en la industria. Ciertamente, algunas cosas son repetitivas; sin embargo, las mismas van afilando mis conocimientos y sobre todo mi claridad de pensamiento sobre este tema tan complejo. En otras palabras, a través de los diferentes recursos que utilizo para nutrirme, sus diferentes perspectivas van aclarando la esencia, lo cual representa la "verdad" del tema. Recordemos que aunque cada persona piensa que su verdad es la verdad real, en un contexto más universal y por definición, la verdad es simplemente aquello que no cambia. Mientras más dominemos aquello que no cambia, más formados estaremos para liderar, en la calle o en cualquier lugar".

2. ¿Qué tipo de educación propone?

"La educación destinada a formar un líder debe ser la más amplia posible. Esto partiendo de la premisa de que todas las cosas se afectan entre sí. En otras palabras, no podemos hacer nada en la vida sin que esto de alguna manera tenga un efecto directo o indirecto en todo lo demás. Por lo tanto no existe tal cosa como segregación de disciplinas.

Las personas más exitosas se dan a la tarea de estudiar y profundizar en los aspectos técnicos de su disciplina profesional. No obstante, se nutren a su vez de temas como la filosofía, la religión, la cultura, las artes, la historia, biografías de personas ilustres y destacadas, la economía, la política, la psicología y un sinnúmero de temas que en conjunto forman lo que se conoce como "La Persona

Completa". Estas últimas se conocen como "educación integral", porque intregran la mayor cantidad de temas posibles sin restarle a la formación técnica, sino más bien un fortalecimiento de la misma.

La educación de un líder no es otra cosa que el conocimiento de sí mismo. Esto partiendo del principio universal de que todos los seres humanos somos iguales. Lo que mueve a uno, dentro de un contexto general, también mueve a los demás. Ciertamente no hay igualdad de oportunidades en el mundo, pero sí igualdad de potencial humano, exceptuando, por supuesto aquellas personas con condiciones físicas o mentales adversas. Decía Roy Disney, el hermano de Walt Disney y responsable del éxito de la empresa que lleva su nombre que *"cuando los valores están claros, la toma de decisiones es fácil"*. Una educación universal que incluya formación en valores hace más fácil que el líder no pueda ser manipulado por fuerzas externas carentes de una visión clara. Decía también Madre Teresa de Calcuta que *"hay que dar hasta que duela"*. Propongo que con respecto a la formación de un ejército de líderes que tanto necesitamos hoy día *"hay que educar hasta que duela"*.

3. ¿Qué tipo de manipulación podría ocurrir?

"Si la persona que se ha denominado líder carece de los fundamentos esenciales de la función de un líder, arriesga estar a la merced de aquellos que tenga a su alrededor, de quienes pudieran tener agendas escondidas. Todo líder debe rodearse de cierta cantidad de personas que lo puedan apoyar en su iniciativa, pero esto como recurso de apoyo. El líder es líder por su capacidad para pensar y actuar de la manera correcta, con la asistencia de sus asesores. En la política podemos observar como algunas personas contratan los servicios de asesores que terminan controlando las decisiones del líder. Eso como resultado del líder no tener una visión clara de lo que debe hacer y cómo hacerlo. Termina entonces involucrado en cualesquiera que sean los intereses personales de aquellos que lo asesoran. Como si esto fuera poco, el ostentar posiciones de autoridad crea seguidores que muchas veces son fanáticos y siguen al líder a ciegas sin cuestionar sus principios, valores o acciones. Esto lo encontramos muchas veces en la política, la religión, los deportes, las cuestiones de patria donde todo lo que se hace en mi país es lo mejor, aún cuando es evidente y las pruebas demuestran que es completamente falso. El fanatismo es uno de los peores enemigos del progreso. La función de un líder tiene que incorporar progreso, por lo tanto, el fanatismo y el liderazgo nunca debe ir de la mano. Cuando estos dos se mezclan, el resultado es siempre caos, desorden y atraso evolutivo tanto de organizaciones como de naciones enteras".

4. Le llaman líder de la industria, ¿qué lo define como líder y cómo uno podría diferenciarse del resto de los líderes?

"Primero que todo, no me considero líder de nada ni de nadie, bastante trabajo tengo intentando liderar mi propia vida. Para mí el liderazgo es un ideal al cual uno debe acercarse más cada día, conociendo que jamás logrará llegar a la cima. Sin embargo, la cualidad que sí cultivo y he desarrollado durante toda mi vida es la de añadir valor a los demás, aún antes de conocer que esto representa una de las cualidades principales de desarrollo dentro del ámbito de liderazgo. Lo que probablemente llaman "líder de la industria" es la participación y exposición frecuente en eventos de la industria. Con respecto al resto de los líderes, me parece que cada persona ocupa en este mundo un lugar especial donde puede aportar de manera significativa. Descubrir cuál es ese lugar, es en gran medida, el propósito de nuestra vida. Aquellos que logran descubrirlo temprano en su vida, tienen la mayor oportunidad de echar la rueda de la evolución hacia adelante".

5. El liderazgo conlleva en muchos momentos que el líder se convierta en mentor y coach, ¿qué diferencia media entre ambos y qué ejemplos podría darme de cómo lo ha aplicado?

"El líder es obligatoriamente un mentor y un coach. La diferencia es que el mentor te ayuda en algo que conoce con vasta experiencia. Por otro lado, el coach tiene una preparación especial donde es capaz de extraer las respuestas de la otra persona.

Por ejemplo, en bienes raíces puedo ser mentor de personas que desean incursionar en este campo y convertirse en expertos en bienes raíces comerciales; empero, no puedo ser mentor de un doctor porque no soy doctor. Aunque sí puedo ser coach para ayudarle a encontrar las respuestas que están en el interior de esa persona.

Hoy día, se ha proliferado la palabra coach y hasta se ha prostituido. Esto crea el ambiente para falsos profetas".

6. **Por otro lado, para tener los fundamentos y pilares del liderazgo bien amarrados y evitar la proliferación de falsos profetas, ¿qué libros recomienda para que tengamos claridad en los fundamentos del liderazgo?**

"Para fundamentos muy claros, Proverbios y Eclesiastés en la Biblia al igual que las biografías de personas que han sido probadas que son altamente exitosos a través de las cuales se extraigan estos principios. No menciono títulos que muestran la palabra 'liderazgo' porque eso cambia con el tiempo. Sin embargo, cualquier libro de alta calidad que toque o atienda el tema de los valores y el desarrollo personal también los recomiendo".

7. **¿Qué película sugiere, reciente o pasada, que profundice en la enseñanza y preservación de los valores del liderazgo?**

"Existen muchas; escojo una: Coco, producida por Pixar Animation Studios® junto con Walt Disney Pictures®, es una buena película porque presenta un líder popular de un género musical que engaña a todos mientras lo seguían a ciegas. Este se roba las composiciones del verdadero y talentoso músico quien muere sin ser reconocido y rechazado por su familia. No obstante, aunque murió se mantuvo fiel a sus valores y principios, demostró liderazgo, lo que da pie a que renazca la verdad y el reconocimiento a través de su tataranieto Miguel. También, la música es hermosa.

Otra película, es Invictus de Warner Bros®. En esta, Nelson Mandela utiliza el rugby para unir a un país y cómo al tomar el control de la presidencia, luego de salir de la cárcel, invitó a las personas que trabajaban en el gobierno previo a que lo ayudaron a dirigir la nación, aunque ellos consideraban que pensaban diferente a él. Era un momento de reconciliación nacional, se requería el esfuerzo de todos. Eso demuestra el ejemplo clásico de la semilla de liderazgo que llevaba Mandela por dentro".

8. **Regresando a la película Coco, esta promueve que se recuerden las personas que partieron y que nos dejaron experiencias positivas, ¿qué quisiera recordemos de usted en términos de liderazgo una vez haya partido?**

"Dentro de la imperfección humana y los muchos defectos que tengo, siempre llevo en mi corazón el deseo de ayudar a las personas, aunque no siempre pueda lograrlo".

9. **¿Alguna otra cosa que desee aportar de manera voluntaria?**

"Que debemos, tal vez, instituir desde muy temprano en la educación en la escuela esos elementos que forman y son parte de un líder. Liderazgo no es tener gente a cargo, es un estilo de vida. Hay que vivirlo, hay que sembrarlo".

En momentos de crisis sanitaria y económica como la que estamos viviendo desde el 2020 por los efectos del COVID-19, es importante reflexionar sobre cómo los líderes impactan cada día a los ciudadanos del mundo al responder a este llamado para liderar en situaciones de incertidumbre. Le pregunto:

10. ¿Qué cualidades y habilidades se requieren para liderar en estos momentos? ¿Qué espera de los líderes locales y globales?

"En mi opinión, la cualidad más importante es la capacidad de tener una amplia perspectiva de la vida y no estancarse en un pensamiento que únicamente se circunscribe a situaciones cotidianas a las que el líder está expuesto. Todo líder necesita salir de su ambiente base y adentrarse en temas variados, amplios y con una perspectiva lo más profunda posible para de esta manera tener y entender varios puntos de vista que le permitan liderar con eficiencia. Lo más sensato de parte de los líderes locales y globales es buscar y solicitar ayuda de terceros que sí conocen las posibles repercusiones de esta situación y hacerse a un lado, permitiéndole a los que saben, hacer su trabajo sin intentar ser el centro de atracción y sobre todo, evitar el protagonismo tan prevaleciente en la mayoría de los líderes".

11. El peor elemento de la crisis es la incompetencia de sus líderes. ¿Qué propondría a estos líderes globales en cuanto a la comunicación y planificación-evaluación-ejecución de acciones para mitigar y recuperarnos de esta pandemia?

"En mi opinión, peor aún que la incompetencia es la autodecepción, ser completamente ajeno a su propia incompetencia y pensar que la misma no existe. Sobreponerse a esto requiere, primero que todo, dejar al ego a un lado y estar abierto genuinamente a la retroalimentación de aquellos que nos rodean y tienen nuestro bienestar en mente. Hay muchas personas que desean hacer bien y pueden hacer bien. El reto mayor para muchos líderes es pensar que alguien pueda aportar a sus vidas. Mientras más alto sea el cargo de autoridad de una persona, menos propensa a escuchar a otros. Esto es el comienzo de la muerte de un líder. Entiéndase cuando uso la palabra "líder" a una persona que ocupa un cargo de autoridad, lo cual NO es la definición de líder, pero es lo que se plantea en el contexto de esta pregunta".

12. **Si fuera uno de estos líderes locales a cargo de dirigir el esfuerzo humanitario y económico, ¿qué y cómo lo haría? ¿Cómo respondería a este llamado?**

"Primero, me distanciaría de todo pensamiento de interés personal en cuanto a lo que pudiera adquirir como resultado de ser una persona con mucha autoridad dentro de la situación. Una vez distanciado, la toma de decisiones es más clara y me permitiría incorporar la asistencia de aquellos que sí están capacitados para aportar de manera significativa a este esfuerzo. Entendería que mis funciones serían aquellas de manejar el centro de control de todos los esfuerzos, sin pretender ser la fuente de autoridad y conocimiento máximo. Un detalle que ilustra esto es cuando observé durante una transmisión televisiva a una persona en cargo de autoridad decir: "Si no siguen mis instrucciones, no los voy a dejar salir de sus casas y voy a extender el toque de queda". Esto es un ejemplo claro y preciso de total ignorancia con respecto a lo que representa ser un líder, pensar que lo que ocurre es resultado de mis decisiones y que lo que yo diga, es lo que se tiene que hacer. Muy triste esta situación y muy común".

> 13. Albert Einstein sostenía que "la crisis es la mejor bendición que puede sucederle a personas y países porque la crisis trae progresos". En su opinión, ¿cuáles progresos (si hubo) ocurrieron en Puerto Rico durante la crisis causada por los efectos devastadores del huracán María en el 2017? ¿Cambió nuestra manera de pensar y tomar sabias decisiones en los aspectos sociales, políticos y económicos en la Isla?

"Sería bueno pensar que todas las personas se benefician como resultado de una crisis. No pienso que esto ocurre. Si bien las crisis traen progreso, este progreso es únicamente experimentado por aquellas personas que se han preparado para ello. El que no se ha ocupado de crecer en algún aspecto que le permita crecer y progresar durante y después de una crisis, no sacará ventaja alguna de la misma. Un mínimo de personas se ocupan de estas cosas. Por lo tanto, el tope más exitoso de la población siempre será el que se beneficie de las crisis. El que no se ocupa de crecer puede ser completa y permanentemente devastado durante las crisis".

14. ¿Qué lecciones de liderazgo ha aprendido a raíz de esta crisis mundial y de otras crisis que haya sobrepasado en su vida?

"Es mejor estar preparado y no tener una oportunidad, que tener una oportunidad y no estar preparado. Esto es una frase muy común que gana importancia durante las crisis. Otra frase común es que el mejor lugar para presenciar a los payasos, no es el circo, sino, las crisis. En momentos de crisis, el líder real sobresale y su excelencia se eleva, mientras los payasos, se ahogan en su minucia".

Comparto del señor Rubén Huertas la valiosa descripción del efecto de los tipos de adiestramientos en nuestro éxito como líderes. Según Huertas, la educación integral es responsable por el 85% de tu éxito mientras que la educación técnica representa solo el 15% del éxito que consigues en la vida.

Adiestramiento Técnico

Este se puede comprar o delegar. Son cosas como las leyes que rigen tu industria, las ventas, los sistemas y procesos, conocimiento del mercado, calidad de los productos o servicios, dominio del mercadeo y otras áreas necesarias para presentar tu negocio, cualquiera que sea al mercado.

Adiestramiento Integral

Este es el adiestramiento clave y la fuente de todo crecimiento, transformación y logro de grandes metas en la vida. Son aquellos elementos que te tocan a ti. Aquello en lo que tienes que convertirte. No se puede delegar. Algunos ejemplos son: disciplina en tus prácticas diarias, resiliencia, espiritualidad, fortaleza mental, inteligencia emocional, destrezas de comunicación, relaciones interpersonales, desarrollo de liderazgo y destrezas de comunicación, entre otros.

Ejemplos de los distintos adiestramientos:

Adiestramiento Técnico (15%)	Adiestramiento Integral (85%)
Leyes	Disciplina
Ventas	Liderazgo
Sistemas de negocio	Resiliencia
Procesos	Espiritualidad
Análisis de mercado	Comunicación
Contratos	Fortaleza mental
Productos	Inteligencia emocional
Mercadeo	Relaciones interpersonales
Financiamiento	Temperamentos y personalidades

Muchas gracias, señor Huertas, por estos sabios consejos.

Toda crisis tiene lecciones de vida

Tenía 12 años cuando se convirtió en un vendedor de periódicos al igual que de productos cosechados en la 'finquita' de su papá. A los 19 años, ya era policía y no se conformó con lo que había logrado puesto que incursionó en el campo de los bienes raíces. Desde el 2012, el señor Carlos Gómez, es el dueño, presidente y principal ejecutivo de la compañía *Prestige Realty* dedicada a la compra, venta y alquiler de propiedades la cual combina con propiedades de inversiones de ingresos. Comparte junto con su hija Kiara esta pasión por los bienes raíces.

Por otra parte, Carlos fue presidente del Caguas Board of REALTORS® en el 2015. Tres años más tarde, obtuvo el cotizado galardón *Realtor del Año de la Puerto Rico Association of Realtors®*.

Como dice Carlos, esa primera experiencia de vender periódicos y de vender ajíes cuando era niño, le han ayudado en su carácter personal a mantener los pies sobre la tierra, sin perder el norte emprendedor, que le debe a Dios y a su vida. Su evolución personal y profesional ha sido dramática.

Para conocer a Carlos, estas fueron sus preguntas:

1. ¿Cómo percibe el liderazgo en la calle, en la familia y en las instituciones? ¿Qué se dice sobre ello?

"Hoy día es bien difícil encontrar el liderazgo (en su máxima expresión) por el ser humano. En el caso de la familia, la falta de liderazgo es evidente ante la alta tasa de divorcios y hogares disfuncionales, lo que se permea a su vez en las instituciones gubernamentales y privadas. Si se efectuara un sondeo o una encuesta, no tengo duda alguna que la mayoría de las personas coincidirán en que la falta de liderazgo es el denominador común en muchas crisis del mundo y sus instituciones".

2. ¿Qué tipo de educación propone para crear líderes éticos y con empatía?

"Tenemos que atemperarnos al tiempo en que vivimos. Las redes sociales han transformado la humanidad y no debemos tener dudas que es un excelente medio para educar y crear líderes éticos. Fomentar la lectura, los audiolibros, vídeo conferencias, la creación de cursos mandatorios de liderazgo, entre otros. Recibir y evaluar la retroalimentación de todos estos cursos será una buena base para crear líderes con ética, empatía y dirección".

3. Para usted, ¿cuál considera es el mayor reto que enfrenta el líder de hoy día?

"Definitivamente el mayor de los retos que enfrenta un líder hoy es precisamente entender y tener conciencia de lo que es ser un buen líder. Atemperarse a la actualidad, mantenerse innovando. De igual manera, saber cómo aplicar su inteligencia emocional a las situaciones personales, grupales y colectivas. Además, conectarse con empatía con sus seguidores es otro gran reto que debe enfrentar un líder".

4. Le reconocen como líder en la industria. ¿Qué le define como líder?

"Con mucha humildad, acepto que soy reconocido como un líder en nuestra industria. Existen varias razones para ello: desde mi carisma, crecimiento profesional con ejemplos y resultados y hasta destrezas que puedo destacar que he desarrollado mediante cursos, certificaciones y estudios que me han llevado a ser un buen negociador, comunicador y emprendedor. Aplico mis conocimientos de negociador de la toma de rehenes en el mundo personal y profesional. Por otro lado, me gusta compartir lo que he aprendido con otros. Soy entusiasta y visionario. Todos estos ingredientes me definen como líder".

5. ¿Cómo lidera a su hija, quien colabora de manera activa en sus negocios, para que se convierta en una líder social y empresarial con toques de empatía y con valores claros?

"La mejor manera de liderar a tus hijos es con tu ejemplo. Si tu hijo o hija observa que eres un lector habitual y que obtienes grandes sabidurías a través de ellos, tarde o temprano se interesará por los libros. Si por el contrario le exiges que para ser una líder exitosa tiene que ser disciplinada, que debe esforzarse y sobretodo, hacerlo con pasión y lo que observan es que eres un vago, que solo ves televisión y que no haces ni tan siquiera el mínimo esfuerzo, entonces eres un mal ejemplo. Ese ejemplo impedirá que se desarrolle como una líder emprendedora y exitosa".

6. ¿Qué anhela dejarle a Kiara para que sea una líder orientada a la humanidad?

"Mi mayor legado para Kiara será la disciplina, la educación y que siempre mantenga vivo ese deseo de cómo superarse ante todos los contratiempos que le presente la vida, incluyendo los retos profesionales".

7. ¿Con qué clase de personas trabaja mejor y con cuáles tiene mayor dificultad?

"Liderar a personas fáciles es simple y sencillo; no obstante el buen líder se distingue cuando lidera personas difíciles. Es como la siguiente frase: "Capitanear un barco cuando el mar está sereno es fácil, lo difícil es hacerlo en medio de la tempestad". Empero es el mejor momento para demostrar tu liderazgo. Dicho esto, trabajo mejor con las personas que les gusta trabajar en equipo y que estén abiertas al cambio. Por otro lado, tengo mayor dificultad con las personas tóxicas que no les gusta comunicarse y con personas prejuiciadas".

8. ¿Qué estrategias utiliza para manejar conflictos o situaciones difíciles en su ambiente de trabajo o familiar?

"La combinación perfecta que me ha funcionado para manejar conflictos o situaciones difíciles ha sido la de manejo de emociones combinada con técnicas de negociación puesto que la negociación se puede aplicar prácticamente a todo en la vida. Además, manejar un conflicto exitosamente es demostración de un buen liderazgo. Se debe hacer con autoridad, siempre tomando en consideración a la otra parte. También, me ha funcionado muy bien con mi familia".

9. ¿Qué tipo de decisiones toma cada día que podrían impactar su estilo de liderazgo?

"Las decisiones que tomas como líder dependen mucho del tipo de conflicto que enfrentas y de hasta cómo tomar decisiones que fomenten la participación de los demás. También me gusta el estilo de liderazgo que toma decisiones en el desarrollo personal del equipo y el que más pueda motivarlos".

10. ¿Cuáles libros, series, películas, audios o *podcasts* recomienda sobre el tema de liderazgo?

"Del Dr. John C. Maxwell, recomiendo los siguientes libros: *Las 21 irrefutables leyes del liderazgo* y *Los 5 niveles de liderazgo*. Del empresario Rubén Huertas, *Mentoría para Líderes*, me gustó mucho puesto que se aplica a mi carrera de bienes raíces. En cuanto a películas, *Invictus* y *300*. De igual manera, los audiolibros de John Maxwell son a otro nivel. También me gustan los audios de Yokoi Kenji".

11. ¿Qué lecciones aprendió de algún mentor o coach en su vida que la aplica en su filosofía de liderazgo de manera regular?

"El conferencista colombiano-japonés, Yokoi Kenji tiene una lección que la aplico constantemente y es que *"la disciplina tarde o temprano vence a la inteligencia"*. Es imposible ser un buen líder si no eres disciplinado. Eso también lo aprendí del militar, diplomático y político estadounidense, Colin L. Powell durante una conferencia presentada por la NAR 2014, en su convención anual.

Asimismo, de nuestro mentor Rubén Huertas puedo destacar una frase que me dejó impactado en uno de sus seminarios en el cual enfatizaba que *"el ser humano promedio solo se esfuerza en un 10% de su capacidad"*. Esa lección me llevó a pensar todo lo que seríamos capaces si nos esforzáramos más y de todo lo que podemos lograr, objeto de ese esfuerzo. Ambos los aplico mucho en mi vida personal y profesional".

12. ¿Cómo promueve su desarrollo y crecimiento personal? ¿Cómo promueve el desarrollo y crecimiento de quiénes le rodean?

"Lo primero es estar físico y mentalmente saludable. Me relaciono mucho con audiolibros relacionados con el tema de liderazgo y motivación. De igual modo, es indispensable para mí asociarme con profesionales exitosos y expertos en el tema. Se integran, además, los seminarios de educación continuada y participar de convenciones de la industria. ¡Ah…no pueden faltar las celebraciones de los éxitos que se alcanzan!

Sobre el desarrollo de quienes me rodean, este se logra al integrarlos en el proceso de reconocimiento de los éxitos que alcanzamos. Es responsabilidad del líder identificar las debilidades de cada cual y reconocer a su vez las fortalezas de los miembros del equipo. En la medida que quienes me rodean son exitosos, uno como líder también lo será".

13. ¿Qué consejos podría compartir para alguien que desee ser líder?

"Lo más importante que debe saber la persona que desea ser un buen líder es que los líderes no nacen. Los líderes se van formando poco a poco, con aprendizaje constante y desarrollando sus habilidades como líder. Esto se solidifica mediante la buena comunicación, ejemplo y reconociendo siempre sus fortalezas y debilidades. La inteligencia emocional es vital. El ingrediente secreto es la pasión que le dedicas a ser un buen líder y reconocer con altura los desaciertos o errores cometidos".

En momentos de crisis sanitaria y económica como la que estamos viviendo desde el 2020 por los efectos del COVID-19, es importante reflexionar sobre cómo los líderes impactan cada día a los ciudadanos del mundo al responder a este llamado para liderar en situaciones de incertidumbre".

Te pregunto:

14. **¿Qué cualidades y habilidades se requieren para liderar en estos momentos? ¿Qué espera de los líderes locales y globales?**

"Los líderes deben ser empáticos y abiertos (democráticos) para recibir el insumo de expertos en temas de salud y economía, teniendo como prioridad la seguridad y salud de nuestra gente. A nivel global como local deben establecer las medidas de salubridad necesarias para proteger a la ciudadanía".

15. **El peor elemento de la crisis es la incompetencia de sus líderes. ¿Qué propondría a estos líderes globales en cuanto a la comunicación y planificación-evaluación-ejecución de acciones para mitigar y recuperarnos de esta pandemia?**

"Les propondría que enfoquen sus esfuerzos por el bien de la humanidad, con énfasis en el tema de la salud unido al bienestar económico, identificando medidas de recuperación económica como nuevas regulaciones de trabajo para retener empleos y fomentar las inversiones en dicho sector".

16. **Albert Einstein sostenía que "la crisis es la mejor bendición que puede sucederle a personas**

y países porque la crisis trae progresos". En su opinión, ¿cuáles progresos (si hubo) ocurrieron en Puerto Rico durante la crisis causada por los efectos devastadores del huracán María en el 2017? ¿Cambió nuestra manera de pensar y tomar sabias decisiones en los aspectos sociales, políticos y económicos en la Isla?

"Durante el pasado huracán María del 2017 hubo mucho aprendizaje. De los asuntos más importantes, uno de ellos es que no debemos depender tanto del petróleo y que se dirijan nuestros esfuerzos en la obtención de energía renovable. En el aspecto político, se debe exigir más a nuestros líderes, que se fomente el uso de dicha energía y que se incentiven más a las empresas en nuestra isla. Esto redundará en un bien económico para la isla".

Carlos, en una ocasión compartió en Facebook® el siguiente comentario: *"Si no dejamos huellas en esta tierra, es como si nunca hubiéramos existido"*. Eso me llevar a presentar esta anécdota emotiva suya.

Precisamente su reconocimiento como Realtor® del Año ocurrió mientras convivíamos con los terribles y devastadores efectos de dicho huracán. Como líder aprovechó su ceremonia en el municipio de Caguas para presentar una familia que lo había perdido todo y promovió que todos los que estaban allí trataran de ayudarlos. Ese acto de liderazgo, de desprenderse de sí para que los demás fueran el centro de atención, es digno de un gran líder.

De esa manera ha dejado una huella muy definida de cómo un líder permite que los demás tengan un mejor futuro.

Finalmente…

17. ¿Qué lecciones de liderazgo ha aprendido a raíz de esta crisis mundial y de otras crisis que haya sobrepasado en su vida?

"Toda crisis trae lecciones de vida. Entiendo que la mayor lección debe ser en fijarse más en los aspectos humanos. Esto es dedicar más tiempo en lo espiritual, a seguir el ejemplo que Jesús nos dio. A valorarnos como humanos, con nuestras virtudes y defectos. A valorar el tiempo con nuestra familia. A valorar a nuestros semejantes como a nosotros, sin prejuicios. Si logramos todo esto, definitivamente nuestro trabajo como líder será más gratificante".

Carlos, muchas gracias por compartir estas lecciones de liderazgo para ayudarnos a evolucionar con fuerza en nuestra dimensión personal como profesional.

La mejor manera de liderar a tus hijos es con tu ejemplo. Si tu hijo o hija observa que eres un lector habitual y que obtienes grandes sabidurías a través de ellos, tarde o temprano se interesará por los libros.

Si por el contrario, le exiges que para ser una líder exitosa tiene que ser disciplinada, que debe esforzarse y sobretodo, hacerlo con pasión y lo que observa es que eres un vago, que solo ves televisión y que no haces ni tan siquiera el mínimo esfuerzo, entonces eres un mal ejemplo.

—Carlos Gómez

Entre mentores y amigos se desarrolla el liderazgo

Carlos M. Benítez, el "caballero de los negocios", es una persona cálida, muy clara, con una enriquecedora experiencia que te hace sentir cuánto más le falta a uno por evolucionar como líder.

Es amante de la música, sobretodo de los boleros. Toca la guitarra de oído. De la música adoptó la sensibilidad que se necesita para escuchar con atención a los demás, un elemento que practicó de manera intencional en sus negocios y en su vida personal. En definitiva, esto le ayudó a liderar a su gente.

Carlos comenzó a trabajar en el año 1975, en la empresa de su amado y luchador padre, Don Carlos M. Benítez Jiménez. En ese entonces, la empresa se conformaba de tres corporaciones relacionadas con la industria de los seguros:

- Agencia Carlos M. Benítez, Inc.
- National Insurance Company
- National Insurance Life Company

En su visión de expansión y de mejorar la calidad de los servicios orientados a los consumidores, implementaron los principios de calidad total del Dr. William E. Deming, Philip B. Crosby y Joseph M. Juran como filosofía empresarial. Se integraba la calidad junto con el adiestramiento continuo de sus empleados.

A partir del año 1995, sucede a su padre una vez este fallece y permanece como presidente hasta el 2011, año en que decide vender la sombrilla de las corporaciones. En ese momento, contaba con 350 empleados y una nómina anual mayor a los 30 millones de dólares.

Estos 16 años como presidente, le hicieron comprender cómo se manejaban las decisiones más críticas y cómo se estiró y evolucionó su increíble capacidad de tomarlas.

Por otro lado, su extensa preparación académica es impresionante. Desde academias en Londres, Alemania, Suiza y New York hasta cursos por correspondencia. Asimismo, fue guiado por un espectacular y talentoso mentor llamado Don Carlos Espinet.

Tanto su padre como Espinet se encargaron de prepararlo para los tiempos cambiantes y difíciles en Puerto Rico. Era necesario que se convirtiera en un líder para manejar los grandes retos que se avecinaban.

Luego de estos interesantes datos, le pregunto:

1. ¿Qué recuerda de su estelar mentor, Don Carlos Espinet? ¿Cómo lo transformó?

"Mi mentor, mi amigo, Carlos Espinet, era una enciclopedia de seguros. Todos los sábados nos veíamos para repasar las tareas; sin embargo, ese encuentro conllevaba un ritual: salir ambos a comprar los ingredientes de la comida que prepararían ese día. Los ingredientes se adquirían en la Placita de la Roosevelt, en Santurce.

Luego del almuerzo, iniciaba el repaso y la evaluación de las tareas relacionadas con la industria de los seguros. Estas tareas eran parte del material que Espinet le había asignado el sábado anterior. Este proceso de crecimiento y aprendizaje continuo duró dos años.

Esta mentoría tan especial le ayudó a prepararse para el cóctel de tropiezos y retos a los cuales se enfrentaría en la vida, tanto en lo profesional como en la dimensión personal. Como se reunían en la casa de Espinet, Carlos también aprendió de este a cómo manejar las distintas situaciones que de manera habitual ocurren entre las parejas y sus hijos. Sus enseñanzas marcaron definitivamente su carácter el resto de su vida.

Recuerda de su mentor una singular frase: *"No desempaques, Carlos, sigue preparándote para cuando te toque"*. Esto le ayudó a preparar su transición de suceder a su padre, de manera estructurada, organizada y de forma intencional.

Siempre lo recordaré como una persona que me adoptó como si fuera su hijo".

2. En su camino de transición y cambios en los negocios, ¿qué otra persona ha sido importante para usted y por qué?

"Dios me regaló otra persona que se ha convertido en mi hermano, Rafael Ríos. Llevamos 50 años caminando juntos: primero, para crear el imperio de seguros que logró tocar a sobre 10,000 familias en Puerto Rico; segundo, implementando un programa de crecimiento para todos sus empleados y tercero, ahora de retirados seguimos compartiendo horas voluntarias de negocios y de amistad sumamente valiosas".

Cuando habla de su amigo, Rafael, se siente una alegría natural de hermandad. Ese día como entrevistadora, también tuve el placer de conocerle. Ciertamente es muy palpable esa gran amistad que ha perdurado por tantas décadas. ¡Enhorabuena!

Continuamos con la entrevista.

3. ¿Qué tipo de programa de crecimiento y de liderazgo desarrollaron para sus empleados?

"Desarrollamos una visión adelantada de cómo retener los talentos y de cómo trabajar con un paquete de beneficios enfocados en que los empleados se sintieran más felices y motivados".

En esta época lo conocemos como 'salario emocional'. **Carlos, ¿podría ampliar sobre lo que ofrecían a sus empleados?**

"Rafael y yo invertimos en programas de maestrías para nuestros ejecutivos. Creíamos mucho en la educación formal. Teníamos desayunos semanales con grupos distintos de doce empleados en el Banker's Club de Hato Rey, sin que participaran los supervisores. Esto les permitía desahogarse en armonía y sugerir cambios para el mejoramiento de ellos y de la empresa. Asimismo, contábamos con los servicios del Dr. Luis Benavé quien realizaba encuestas internas de los empleados, con la garantía de que pudieran compartir sus opiniones de manera privada, segura y confidencial. Estos resultados se compartían con Recursos Humanos para hacer luego las evaluaciones 360.

Por otro lado, el 80% de nuestros empleados eran mujeres. Esto nos ayudó a identificar que en un momento las ejecutivas con dinero vestían muy elegantes mientras que las otras, no. Pensamos que todas las damas de archivo debían tener la misma oportunidad de vestir como las ejecutivas. Decidimos otorgar $500 por empleada para que pudieran escoger las piezas que quisieran en distintos *fashion shows* que nos inventamos. Queríamos que todas se sintieran bien y sobre todo, que se les consideraba también en estos detalles tan necesarios para las damas. Fue una iniciativa muy acogida".

4. ¿Qué otro principio de liderazgo aplicó a sus negocios que desee destacar?

"Del exitoso empresario, ingeniero químico, CEO de General Electric y autor, Jack Welch Jr. aprendí que no se señala de manera adversa a un empleado por el mero hecho de haber cometido un error. En una ocasión, leí que por un error de uno de sus empleados, una de las plantas se quemó. En vez de despedirlo, lo felicitó. Esto creó un efecto de que este empleado se comprometió más para dar lo mejor de sí.

Para mí, es importante no reaccionar de manera agresiva. Hay que escuchar primero para tomar decisiones con fundamento. Es importante conocer lo que pasó".

5. ¿Cuál ha sido su mayor reto?

"Mi mayor reto ha sido demostrar que aunque era el único hijo de Don Carlos Benítez, tenías las cualidades y las destrezas para manejar los negocios y que estaba preparado para dirigir la sombrilla de negocios creada por la figura tan grande y tan inspiradora de mi padre".

6. Para transformar los líderes en Puerto Rico y luego de ese increíble caudal de experiencias aprendidas, ¿qué tipo de educación propone para crear líderes éticos y empáticos en Puerto Rico?

"A nivel profesional, tenemos un caudal de personas que han vivido de manera ejemplar que están en la tercera edad. Ese grupo tenemos que darle importancia porque esa educación y esa experiencia la necesita nuestra juventud para que aprenda los valores necesarios en el trabajo, en la familia, para que no se genere la corrupción".

Es cierto, Carlos, la corrupción atenta contra los derechos humanos y el crecimiento sano de una sociedad. Tenemos que erradicarla.

7. ¿Qué le gusta de la gente?

"La sinceridad, la honestidad, la transparencia, que diga la verdad. Me gusta su lado positivo".

8. ¿Qué no le gusta de la gente?

"La hipocresía, la mentira, la avaricia, el buscón, el que desea sobresalir a costa de los demás. No me gusta el lado negativo de la gente".

9. ¿Qué sonido le gusta?

"Me gusta el sonido del silencio. Te permite profundizar, reflexionar. También, me gusta el sonido del viento puesto que te hace consciente de lo que te rodea".

10. ¿Qué sonido no le gusta?

"No me gusta el sonido de las bocinas de los autos, la música alta. En general, los sonidos que no pueda disfrutar".

11. En el liderazgo al igual que en nuestra dimensión personal, tenemos sueños que deseamos lograr. ¿Qué sueño ha logrado recientemente que por mucho tiempo pensó que no lo lograría?

"Por mucho tiempo pensé que sería muy difícil lograr mi sueño de ser artista, de grabar una compilación de canciones del ayer. Con mucha ilusión y con el apoyo de amigos de mi infancia y de mi trayectoria empresarial quienes me convencieron de acoger esta aventura musical, pude durante mi retiro grabar diez temas de ensueño. Esta producción, **A donde quiera,** es otro matiz que se fusiona con los principios del liderazgo: *"logra tus sueños y ayuda a otros a alcanzar sus sueños"*.

12. Dentro del campo musical, tuvo un amigo muy particular quien también elevó las líricas de nuestras canciones y expandió a la vez el sabor por la isla borincana. Aprovecho para preguntarle: ¿qué aprendió del gran compositor y cantante italiano Tony Croatto?

"Tony, el hijo adoptivo de nuestra isla, se convirtió en uno de mis grandes amigos. Aprendí de él a cómo comunicar con sensibilidad, con humildad. Esto es un rasgo valioso de liderazgo. Tenía tanta profundidad en la historia del prójimo en vez de la suya. Para mí, eso es fascinante. Solo quería escuchar la historia del otro, no la suya. No era egoísta".

Recuerdo que usó mi hogar para grabar una de las canciones que más me gustaba de la cual comparto un extracto:

"Allá en la puerta un niño, se llama Jesús.

Con calzones rotos, descalzo y pelú.

Viene con maracas, en la Navidad

y pide su aguinaldo, te quiere cantar."

Lo recordaré por su amor a Puerto Rico, a su finca, al café. A caminar siempre con su camisa abierta, sus manos de labrador (todo lo hacía), le encantaba crear. Vivió tantas cosas en el ámbito musical y en su fase personal. Quise que tuviera más protagonismo musical en Puerto Rico porque amaba y servía realmente a esta isla. Nunca lo olvidaré".

Mientras lo entrevisto, siento su profunda tristeza cuando recuerda el fallecimiento de su querido amigo y hermano Tony Croatto.

13. ¿Cuál es su libro favorito?

"Mi libro por excelencia es la Biblia. Esta tiene cómo manejar cualquier tipo de situación más en ella se revelan principios de liderazgo. Asimismo, tiene todas las respuestas para todo lo que necesites en la vida.

Un amigo sacerdote me preguntó una vez: "¿Cómo está tu relación con Dios?". Esa pregunta me impactó. Ese sacerdote me invitó a leer un capítulo diario del Nuevo Testamento. Comencé a practicarlo, por lo que he encontrado que he podido descargar mis preocupaciones al igual que tener luz en mis situaciones diarias. La lectura me dio interpretación a mis vicisitudes y preocupaciones. Por eso, me levanto todos los días agradeciendo lo que tengo".

14. ¿Qué le hace feliz?

"Estoy viviendo la mejor época de mi vida. Cuento con una buena salud, mi compañera y sus dos hijas son sumamente saludables y profesionales, económicamente estamos muy bien. Me siento feliz de haber ayudado a mis hijos a educarse. Como líder de familia, es imperativo ayudar a otros a engrandecer sus vidas. Además, tengo cinco nietos.

Me siento feliz, realizado, respiro aire puro, me siento como un niño que juega con sus amigos y todos de manera respetuosa bromeamos y nos burlamos de nosotros. ¡No puede ser mejor mi vida!".

15. ¿Cómo le gustaría que le recordaran, en términos de liderazgo y de su filosofía personal, una vez haya partido de su dimensión terrenal?

"De Paquito Zamora tomo estas palabras porque así lo siento: *Como una persona ordinaria que hizo cosas extraordinarias*".

Carlos, muchas gracias por presentarnos el camino de las relaciones humanas, cómo nos unimos en el liderazgo y cómo podemos ayudar a Puerto Rico a ser un mejor espacio de vida. Muchas bendiciones para usted y su hermosa familia.

> A nivel profesional, tenemos un caudal de personas que han vivido de manera ejemplar, que están en la tercera edad. Ese grupo tenemos que darle importancia porque esa educación y esa experiencia la necesita nuestra juventud para que aprendan los valores necesarios en el trabajo, en la familia, para que no se genere la corrupción.
>
> —Carlos Benítez

Somos uno con el mundo

Bernardita López Alvarado es epidemióloga, amante del arte y toastmaster del Puerto Rico Toastmasters Club®. Ha evaluado la tuberculosis y el VIH en centros de detoxicación con metadona en Puerto Rico, los factores ambientales asociados con el desarrollo del cáncer y sus estadísticas vitales en los Estados Unidos. Desde el año 2003 labora en el Programa de Vigilancia del VIH en el Departamento de Salud de Puerto Rico. Formó parte del Comité de Derechos Humanos (IRB) en la Universidad de Puerto Rico, Recinto de Cayey (2009-2017). Gusta de la pintura y de bordar como su adorada tía Santa.

En momentos de crisis sanitaria y económica como la que estamos viviendo por los efectos del COVID-19, es importante reflexionar sobre cómo los líderes impactan cada día a los ciudadanos del mundo al responder a este llamado para liderar en situaciones de incertidumbre. Le pregunto:

1. **Como epidemióloga, ¿qué cualidades y habilidades se requieren para liderar en estos momentos? ¿Qué espera de los líderes locales y globales?**

"La realidad es que el futuro es incierto, pero con la información que se tiene hoy día y los avances tecnológicos de esta época deberíamos hacer mejor uso de estos recursos y por consiguiente, estar mejor preparados para responder cuando nos presentemos ante situaciones que detienen lo que llamamos normalidad. El surgimiento o resurgimiento de enfermedades es algo esperado. Las enfermedades emergentes son estudiadas, hay expertos que se dedican a esto y han hecho sus advertencias a los gobiernos para que se preparen de manera estructurada.

En el campo de la salud pública, se trabaja para identificar estos eventos que amenazan la salud de la población para poder intervenir a tiempo y evitar mayores daños. Se han manejado pandemias como la del VIH, de la cual hoy día los esfuerzos van dirigidos a terminarla en los próximos 10 años. Ahora, cada amenaza a la salud es diferente, y trae consigo sus propios retos, en este caso se trata de un virus que es nuevo y al día de hoy sus modos de transmitirlo no están completamente definidos. Por lo tanto se está aprendiendo de su impacto en la población a la vez que se está buscando protegerla y esto es un reto mayor cuando se trata de detener la propagación de este virus. Algunos gobiernos decían estar preparados, quizás no con la definición y los recursos que una amenaza a la salud de la población merece.

Desde mi punto de vista como epidemióloga, considero que se requiere de líderes que tengan compromiso con la verdad, y con la salud de la población, que sean centrados, firmes, ecuánimes, comprensivos, creativos, visionarios, sensatos, conciliadores y comunicadores efectivos.

> De los líderes locales, espero conocimiento, guía, claridad en el mensaje y acción.

> De los líderes globales, espero conciencia de las amenazas a la salud y compromiso en tomar acciones para minimizar o evitar su impacto, ofrecer apoyo, unidad y cooperación para hallar soluciones".

2. El peor elemento de la crisis es la incompetencia de sus líderes. ¿Qué propondría a estos líderes globales en cuanto a la comunicación y planificación-evaluación-ejecución de acciones para mitigar y recuperarnos de esta pandemia?

"Aunque es una situación compleja, los líderes globales para comenzar deben revisar el manejo de la comunicación bajo una crisis. Los modelos de comunicación de los líderes que han sido más efectivos en la comunicación del manejo de la crisis se deben adoptar. Una parte fundamental para la planificación-evaluación-ejecución de acciones para mitigar y recuperarnos de esta pandemia, debe ser la comunicación. Esta pandemia ha demostrado lo determinante que son los mensajes transmitidos para un buen manejo de la crisis.

Propongo que se comuniquen de manera honesta, clara, consecuente y con humildad. El mejor aliado para un líder en una crisis debe ser, a mi entender, hablar con la verdad de lo que se conoce de la situación. Si cada ciudadano conoce la verdad, conoce la gravedad del asunto, se puede ubicar mejor dentro de la situación y entiendo que puede responder mejor ante una crisis como esta.

Claro, tener en cuenta, que hay un sector de la población que tiene necesidades especiales como, por ejemplo, las personas sin hogar. Si los líderes globales se comunican de una forma clara, reducen las malas interpretaciones y abren el paso a la búsqueda de alternativas. Pienso que deben ser más consecuentes en lo que comunican, y no tratar de solo responder a los sectores que buscan traer confusión a una situación que de por sí tiene sus retos para comunicarla. Por otro lado, deben tener la humildad de poner un pie al frente y admitir cuando se han equivocado. Esto creo que es vital para mantener la credibilidad de los mensajes que se quieren llevar y la efectividad de las acciones que se esperan en nuestra población.

A nivel mundial, las organizaciones dedicadas a la salud buscan que los esfuerzos para atender la pandemia sean concertados entre todos los países. A pesar de esto, existen ciertos gobiernos que prefieren ausentarse de esos esfuerzos para detener la transmisión, lo que añade otra barrera.

Creo que esa información científica que se conoce debe ser traducida a un lenguaje más amigable para la población mundial y de esta manera acercarla a la población para que no se sienta ajena de los riesgos y pueda tener conciencia de lo que debe exigir y esperar de sus líderes. Les propongo a estos líderes globales que se unan y aprovechen este llamado a la atención de nuestra salud pública que ha hecho la pandemia COVID-19 y enfaticen que esto debe ser una preocupación de todos y no solo de un sector de la población. Se debe aprovechar esta crisis de salud para educarse sobre los factores que pueden causar estas enfermedades emergentes y aumentar la conciencia de que la salud pública debe preocuparnos a todos. Hoy tenemos que reconocer que no podemos funcionar por separado y que tenemos que aunar esfuerzos multisectoriales para enfrentar estos eventos.

Una población bien informada, reconocerá que esta no será la última pandemia que nos afecte, y estará más dispuesta a cooperar y seguir los planes que se desarrollen. Específicamente con esta pandemia deben poner más empeño en que se establezcan acuerdos entre distintos sectores. Todos los días hay avances científicos que pueden hacer que lo que fue un reto en el pasado hoy no lo sea, se pueden minimizar los daños en todos los sectores.

Se pueden reunir los expertos de distintas áreas y ser creativos, existe información científica sobre el comportamiento del COVID-19 y otras áreas que pueden servir en este momento para responder a esta emergencia y trabajar para evitar o minimizar los daños de otras emergencias de salud futuras.

Por otro lado, se deben desarrollar estrategias y una política pública para ser más claros en las medidas que se deben tomar como ciudadanos del mundo y a nivel individual. Los avances en la humanidad traen vulnerabilidades para la salud humana, por lo que debemos hacer los ajustes como humanidad si queremos que el mundo siga funcionando como lo conocimos. Por ejemplo, hoy día podemos transportarnos de un lugar a otro del planeta con más frecuencia y facilidad que en el pasado, esto puede ser excelente para muchas actividades que tenemos los humanos, pero al viajar podemos estar transportando enfermedades de un lugar a otro con igual frecuencia y facilidad. Así es que creo que los líderes globales deben aprovechar este momento histórico para unir esfuerzos y desarrollar mejores sistemas de alerta de estas enfermedades que pueden surgir o resurgir en la población mundial. También, para unir esfuerzos en la búsqueda de mecanismos de protección individual y colectiva en los distintos escenarios donde se dan nuestras actividades rutinarias. Todos somos habitantes de un mismo planeta y deberíamos estar tomando acciones teniendo en cuenta que los efectos nos impactarán a todos.

Los esfuerzos del sector económico pueden organizarse e ir de la mano con la información científica. Se pueden diseñar estrategias "hechas a la medida" para distintos escenarios en donde se dan nuestras actividades diarias. Luego se puede medir el impacto, hacer medidas correctivas y ajustes para mantener el funcionamiento económico, minimizando el daño a la vida".

3. **Si fuera uno de estos líderes locales a cargo de dirigir el esfuerzo humanitario y económico, ¿qué y cómo lo haría? ¿Cómo respondería a este llamado tan contundente?**

"Como líder local a cargo de dirigir el esfuerzo humanitario y económico, creo que se puede establecer una estructura en cada municipio donde los líderes comunitarios y representantes del sector económico sirvan de enlace con el epidemiólogo del municipio y este a su vez pueda tener un monitoreo más cercano de lo que ocurre en cada pueblo. Creo que debemos establecer una estructura más cercana a la población a nivel municipal y conectarla con las entidades establecidas del Sistema de Vigilancia del COVID-19 del Departamento de Salud de Puerto Rico. Esto permitiría levantar información más específica para tomar decisiones balanceadas por ubicación geográfica. Cada alcalde sería el responsable de mantener las medidas de prevención de contagio dictadas por el estado.

Asimismo, el alcalde del municipio reunirá a los líderes comunitarios o su designado y los representantes del sector económico de su municipio para presentarles la estructura, los roles, las expectativas y la dinámica que se estará desarrollando. El epidemiólogo designado al municipio y su equipo proveerán un adiestramiento a los líderes para servir de enlace en la identificación y manejo de casos.

A su vez, este funcionario mantendrá un perfil de lo que sucede en cada comunidad y así lo comunicará al Departamento de Salud. El líder comunitario y el alcalde comunicarían por distintos medios que el líder comunitario será el enlace para canalizar la identificación y el manejo de los casos en cada comunidad.

De igual manera, el líder comunitario comunicará inmediatamente tenga conocimiento al epidemiólogo si ha identificado una persona con síntomas o un caso diagnosticado. Este y/o su equipo establecerán contacto con el caso probable o confirmado para obtener la información necesaria para el manejo del mismo, y poder tomar las medidas de control de infección apropiadas en la comunidad y en el pueblo. También, se asegurará de reportar el caso al Departamento de Salud. Si el caso probable o diagnosticado se mueve en otros municipios, el epidemiólogo del municipio le notificará al encargado del municipio pertinente para que este active su protocolo de control de transmisión y manejo de infecciones.

Los datos específicos por municipio y los indicadores de control de la infección establecidos se usarán para determinar qué municipios se consideran con más flexibilidad o en cuarentena. La flexibilidad de las medidas de prevención están sujetas a lo que se conoce, en ese momento. En la actualidad, se requiere que se preserve el distanciamiento social, el uso de la mascarilla, limitación de aforo en los negocios al igual que minimizar el tiempo en espacios cerrados y con poca ventilación. Ante esto, el alcalde y los representantes del sector económico se guiarán por estos indicadores para mantenerse operando. También trabajarán junto con la epidemióloga para buscar nuevas formas de hacer las cosas, minimizando riego de contagio y daños económicos. La meta es cortar las cadenas de transmisión.

En el aspecto económico apuesto a la creatividad para enfrentar el COVID-19. Pienso que el ingenio humano que nos ha sacado adelante como humanidad nos volverá a sacar adelante. Hoy día contamos con medidas de protección que no teníamos en otras épocas tales como el cinturón de seguridad, los *air bags*, los condones, el lavado de manos, entre otros. Cada una de estas medidas llegó para responder a una amenaza contra la salud de los seres humanos. Asimismo surgirán mecanismos para protegernos y combatir esta infección. Hasta que no existan mecanismos efectivos y disponibles para protegernos, tenemos que guiarnos por la información de los salubristas. En esta situación por lo novedoso del virus haremos uso de una de las técnicas básicas de aprendizaje, ensayo y error, mientras buscamos soluciones. Entretanto, hay que seguir trabajando en la afinación de los datos para que sean claros y bien definidos.

Ante un llamado a dirigir el esfuerzo humanitario y económico considero que primero se debe establecer una estructura, definir claramente los roles de los colaboradores de este sistema y diseñar cómo se mantendrá la comunicación. Cada municipio debe tener un sistema de vigilancia para que ayude a la identificación y manejo de los casos en cada comunidad. Tener identificadas las personas, prepararlas y ofrecerles recursos.

Quizás diseñar una red de comunicación, que permita acceso a datos que ayuden a tomar decisiones y hacer intervenciones inmediatas (puede ser hecha con papel, lápiz y teléfono). Hay que tener oído en tierra, hay que conocer las necesidades para poder atenderlas, para planificar efectivamente y poder corregir y sobrepasar las dificultades".

4. Albert Einstein sostenía que "la crisis es la mejor bendición que puede sucederle a personas y países

porque la crisis trae progresos". En su opinión, ¿cuáles progresos (si hubo) ocurrieron en Puerto Rico durante la crisis causada por los efectos devastadores del huracán María en el 2017? ¿Cambió nuestra manera de pensar y tomar sabias decisiones en los aspectos sociales, políticos y económicos en la Isla?

"Sí, puedo llamarlo progreso, luego del impacto del huracán María, puesto que logró identificar un aumento en la conciencia colectiva de la fuerza que como pueblo tenemos para salir adelante si nos lo proponemos. La ganancia para nosotros los ciudadanos ha sido en reforzar la capacidad de salir adelante, nuestra fuerza, nuestro sentido de solidaridad y de unión en momentos de crisis.

Aunque los cambios en la población toman tiempo, creo que para el pueblo percatarse en medio de la crisis que el gobierno no estaba preparado para atender la emergencia fue muy fuerte, la conciencia de nuestro pueblo se estremeció y ahora tiene muy claro que median emergencias que pueden impactarnos y que debemos preparnarnos en el carácter individual y en comunidad.

Las estrategias que nos sacaron adelante se fueron dando a nivel de comunidad y de familia. Tan es así, que pienso que el control del COVID-19 en Puerto Rico, a pesar de todo, se debe a que los individuos están desarrollando sus propias estrategias para atender la emergencia. La crisis del huracán María nos sirvió de ejercicio para estar seguros que las situaciones difíciles pasan porque las hemos enfrentado y nos hemos levantado como pueblo. Ahora reconocemos que nuestro gobierno no está preparado para atender nuestras emergencias, por eso los individuos miran esta emergencia de salud con otros ojos, y están asumiendo otras posturas. Dado que nuestros líderes nos fallaron, ahora se están exigiendo acciones contundentes para el bienestar de todos los sectores de la población.

En el aspecto político, creo que las personas están despertando y conocen que podemos mirar otras opciones, que hay que crear mecanismos para exigirle resultados a nuestros gobernantes electos. El gobierno tiene una responsabilidad y es cierto que le debe al pueblo respeto, pero en el pueblo se está gestando un cambio en el discurso, y quizás los medios de comunicación han facilitado eso, el pueblo no quiere que lo carguen. El pueblo quiere estructuras que faciliten los procesos de acuerdo con los tiempos en que vivimos, nos desarrollamos y nos preparamos para un mejor futuro".

5. ¿Qué lecciones de liderazgo ha aprendido a raíz de esta crisis mundial y de otras crisis que haya sobrepasado en su vida?

"A raíz de esta crisis mundial, he aprendido que nos debemos comunicar en una manera que todos se puedan comprender. Somos uno con el mundo, y debemos actuar juntos para buscar las soluciones si queremos regresar a la "normalidad". Esta crisis mundial es un recordatorio que las acciones de un solo individuo pueden tener repercusiones mundiales.

El haber sobrepasado otras crisis a nivel personal me ha dado la sabiduría para reconocer lo siguiente: mis límites como ser humano, la capacidad de superación y de transformación de las circunstancias que tengo, el poder de unidad que puede tener una circunstancia (crisis) para recabar las capacidades innatas de un ser para encontrar soluciones y salidas para seguir avanzando como humanidad, como pueblo, como familia y como ser humano".

Bernardita, aprecio su extraordinaria aportación como epidemióloga para tratar de manejar esta crisis sanitaria y de cómo mejorar nuestros procesos para atender con prontitud y con los canales de comunicación adecuados a los más necesitados.

> El mejor aliado para un líder en una crisis debe ser, a mi entender, hablar con la verdad de lo que se conoce de la situación. Si cada cuidadano conoce la verdad, conoce la gravedad del asunto se puede ubicar mejor dentro de la situación y entiendo que puede responder mejor ante una crisis como esta.
>
> —Bernardita López

Lo pequeño que somos en este mundo

Desde timonel, patrón de botes de rescate, encargado de elementos de salvataje del buque hasta fiscalizar que se ejecuten los trabajos tanto administrativos como en la cubierta del buque *La Esmeralda de Chile* son algunos de los roles que ha tenido que aprender Leonardy Hernández mientras convive con sus compañeros y oficiales en uno de los veleros más grandes, impresionantes y llamativos del mundo naval.

Lo conocí junto con otros compañeros en una reunión Toastmaster, un mes antes de que el huracán María arrasara con Puerto Rico en septiembre del 2017. En el mar como en la tierra también se viven principios de liderazgo, sobre todo, con su gente. Esta fue su gran aportación. Le pregunto:

1. ¿Qué ha aprendido en sus viajes de mar que en la tierra no se puede aprender?

"He aprendido a vivir con tranquilidad, ya que en el mar todo transcurre muy lento a diferencia de lo que sucede en tierra. Lo único que se lleva de la tierra al mar es el ritmo de las conversaciones".

2. ¿Cómo se manejan las emociones estando tanto tiempo en el mar y fuera de su entorno familiar?

"A medida que pasan los años uno se pone más débil emocionalmente, por lo menos eso ocurre para mí. Extrañar los hijos, la esposa, los padres, los hermanos y los amigos es muy complejo. Eso se controla con la experiencia de los años viviendo lejos de casa y la confianza que nos brindan nuestros seres queridos estando separados".

3. ¿Cómo se lidera la tripulación de manera afectiva y añadiendo valor a sus vidas?

"Liderar, qué fácil de escribir y muchas veces es difícil de describir. Eso pasa por nuestro adiestramiento en los primeros años de ingreso a nuestra institución recordando que muchos ingresamos a los 15 o 16 años de edad, donde aún no se nos podía moldear de acuerdo con lo que nuestra institución requería y nos exigiría, año tras año.

También, se logra muchas veces por la herencia de nuestras generaciones anteriores (padres, abuelos, hermanos mayores), eso enriquece nuestro ser ya que se pone en juego parte de los valores que se nos entregan en nuestros hogares".

4. ¿Cómo se eleva el ánimo de la tripulación mientras atraviesan grandes desafíos en el mar?

"La sana convivencia, el conocer parte de la vida de muchos compañeros, buenas o malas experiencias de ellos, saber que cuando tengo una necesidad de aliento la puedo encontrar en cualquiera de ellos, que al momento de zarpar y estamos en el mar pasamos a ser una familia, sin olvidar nuestra jerarquía; pero, que además, en algún momento la dejamos a un costado para hablar con un superior o un subalterno como si fuera un verdadero hermano. Por otro lado, se puede elevar el ánimo con un momento de esparcimiento sano, música alegre y juegos de mesa cuando el tiempo lo permite".

5. ¿Qué tipo de entrenamiento y adiestramientos recibe para sentirse más confiado en poder trabajar con diversos equipos y misiones?

"Desde que ingresamos a la institución, el entrenamiento ha sido constante. Físicamente con los años va en decadencia para muchos; otros tratamos de estar siempre en buena forma, en lo profesional no hay pie para el relajo. Día a día se entrena, se perfecciona y se pone a prueba, creo que es la mejor manera de enfrentar las distintas misiones y equipos con los cuales tenemos y debemos trabajar".

6. ¿Qué experiencias puede compartir que le han permitido evolucionar como persona, oficial del mar y como padre?

"Tengo dos experiencias que marcaron mucho mi vida. Son distintas pero están unidas: uno como hijo y otra, como padre. Primera: nos encontrábamos anclados en un pequeño puerto al norte de mi país, Chile, exactamente en el pueblo de Mejillones, cerca de Antofagasta en un buque que llevaba por nombre "Carlos Condell" cuando recibí una llamada telefónica de mi hermana menor, Danicza, donde compartió que nuestra madre estaba hospitalizada en estado grave de salud. Mi madre se encontraba en la ciudad de Concepción, a unos 1,900 kilómetros al sur; a pesar de ello, presenté la situación y me autorizaron a viajar. Logré ver a mi madre; su salud continuó empeorando hasta que falleció luego de 15 días hospitalizada.

Segunda: nos encontrábamos en el buque "Patricio Lynch" en Hawaii, Estados Unidos, en un ejercicio naval, el más grande del mundo RIMPAC. En un momento pude llamar a mi esposa quien me cuenta que nuestra hija Augustina se enfermó de coqueluche (tos convulsiva), por lo que tenía una gran dificultad para respirar y fue hospitalizada. Mientras tanto, esperaba con ansias sus resultados médicos. Ahí, en ese momento, debí poner toda mi tranquilidad y fe en Dios junto con la confianza en mi esposa Andrelina para enfrentar un ejercicio que duraba 25 días de navegación de los cuales muchos de ellos no tendría noticias de mi hija. Cada momento que lograba dormir, soñaba con ella, la veía correr, alegre y feliz; pero, un par de veces soñé que partía de este mundo y sin poder hacer nada por ella. Finalmente, llegué al puerto de Hawaii y gracias a Dios, pude confirmar que mi hija había superado su enfermedad.

Para llegar a Chile restarían dos meses puesto que pasaríamos por Tahití para reprovisionarnos y zarpar posteriormente a mi país. En ese trayecto, recibí otra noticia: fue el nacimiento de mi segundo hijo, Rafael. ¡Imagínese el control que debía tener para mantenerme concentrado en mi trabajo, pensando que me faltaban varias semanas por llegar! Cuando hablamos de liderazgo, ese mismo control se requiere para estar enfocados y para tomar equilibradas y sanas decisiones.

Con esto pienso en lo pequeño que somos en este mundo, no obstante lo gigante que podemos ser para las personas que nos aman y esperan por nosotros. De igual forma, hay oportunidades en la vida que debemos aprovechar y si depende de nosotros el que otra persona pueda hacerlo de igual manera, debemos apoyarla en esa atracción de oportunidad de crecimiento".

Esta manera de pensar del oficial Leonardy nos recuerda a otra figura chilena, a la poetisa, pensadora y diplomática Gabriela Mistral quien sostenía lo siguiente (75 frases y reflexiones de Gabriela Mistral: César Suárez).

"Donde haya un árbol que plantar, plántalo tú. Donde haya un error que enmendar, enmiéndalo tú. Donde haya un esfuerzo que todos esquivan, hazlo tú. Sé tú el que aparta la piedra del camino".

7. **En abril del año 2020 un capital de la marina de los Estados Unidos de América, Brett Crozier, fue despedido por denunciar que la Marina no hacía lo suficiente para cuidar de su personal ante esta crisis sanitaria del COVID-19. ¿Qué piensa de la comunicación y de la integridad que debe darse para manejar desafíos en el mar?**

"La comunicación es vital, sin ella no somos nada y creo que pasa en todo lugar del mundo y en nuestro diario vivir. Si no hay comunicación, no hay comprensión".

8. **Si en sus manos estuviera dirigir el esfuerzo humanitario y económico para Chile y el resto del mundo, ¿qué haría y cómo lo haría con lo que ha aprendido a sobrevivir en el mar?**

"Adoptaría un grupo de asesores de distintos estatus sociales para canalizar las necesidades reales de la gente. Solicitaría que se eduque a base del problema para que pueda manejarlo de la mejor manera a futuro y luego, tendría que ver los gastos e ingresos por habitantes o clases sociales, para que de esa forma se pueda administrar del mejor modo posible de los recursos".

9. **¿Qué desea transmitir a sus hijos para que sean líderes de la humanidad?**

"De mi manera de pensar hay tres cosas que son de importancia: constancia, perseverancia y humildad. Lo demás, viene por añadidura. Insisto, es mi forma de pensar".

El oficial Leonardy Hernández, desde Chile y desde el resto de los puertos del mundo, nos invita a reflexionar sobre las profundas dimensiones del mar que se conjugan con la tierra para demostrarnos que son tan importantes los equipos de trabajo, los valores al igual que la vida familiar para que exista un liderazgo consciente y empático.

> "Necesito del mar porque me enseña, no sé si aprendo música o conciencia, no sé si es ola sola o ser profundo o solo ronca voz o deslumbrante suposición de peces y navíos".
>
> —Pablo Neruda

La ética y la empatía en el liderazgo

Conocí en el 2011 a esta flamante dama mientras me desempeñaba como gobernadora de los clubes Toastmasters en Puerto Rico. Nos abrió las puertas para promover los programas de comunicación y liderazgo de Toastmaster International®, totalmente desconocidos en la isla en ese momento. Su apoyo fue crucial para levantar y expandir con fuerza este modelo de crecimiento personal.

Su llamativa energía, su carácter bordeado con una sonrisa mágica y una colosal disposición de servir a los demás fueron claves para el éxito y el desarrollo de muchos corredores de bienes raíces en el camino del liderazgo, a través de estos programas. En ese entonces, Ivelisse Figueroa, era la Presidenta de la Puerto Rico Association of REALTORS® en la tierra borincana. Hasta el día de hoy, ha mantenido esa fuerza para trabajar con la comunicación y la educación de otros sectores, incluyendo jóvenes de las escuelas públicas y privadas de Puerto Rico.

Ivelisse, REALTOR®, corredora de bienes raíces, empresaria, educadora, madre, abuela, nos cuenta **cómo ha evolucionado y cómo fueron sus encuentros con el liderazgo, desde niña.**

"Desde niña descubrí que tenía la capacidad de influir en otras personas. En mis reacciones, anecdóticas por cierto, siempre estaba presente la iniciativa. En aquellos tiempos en mi Ponce querido, a las niñas con iniciativa les llamaban "presentás". Debo confesar que ese término no me ofendía porque más tarde me permitió descubrir que se llamaba liderazgo.

Mi evolución, a través de los años, ha sido paulatina, pero constante. La vida se compone de diversos roles. Durante el proceso, me ha tocado crecer. Me pregunto si el liderazgo surge del "DNA" que hace único a cada ser humano, pero mucho se ha planteado la duda de si el líder nace o se hace. Desde mi perspectiva, a ambas teorías le asiste algún grado de razón". Luego de este ilustre marco de su niñez y del planteamiento de cómo podría surgir un líder, le pregunto:

1. **¿Cómo ve el liderazgo en la calle, en la familia y en las instituciones? ¿Qué se dice sobre ello?**

"Aunque el liderazgo podría ser fácil de explicar, no es fácil de ejercer porque el comportamiento de un líder no necesariamente conlleva habilidades específicas. La esencia de un líder estriba en que la gente lo sigue porque cree en él y no por sus habilidades. Se percibe liderazgo en todas partes, aunque muchos líderes no se han descubierto a sí mismos. Tal es el caso de niños, amas de casa, adolescentes, envejecientes, entre otros, que exhiben grandes cualidades innatas que les permiten proyectarse como líderes".

2. ¿Qué tipo de educación propone para crear líderes éticos y con empatía?

"Sin lugar a dudas, la ética y la empatía deben ser inherentes al liderazgo. De igual forma, la educación, así como los valores esenciales son fundamentales para conformar la base de lo que debe ser el desarrollo de un líder".

3. ¿Cuál considera es el mayor reto que enfrenta el líder hoy día? ¿Cómo se manejan los retos como madre, empresaria y líder a la vez?

"Cada situación que enfrentamos en la vida conlleva diversas reacciones. Hoy día constituye un reto continuo ejercer el liderazgo con estilos diferentes. Algunos líderes tienen un estilo que es el correcto para ciertas situaciones, pero el incorrecto para otras. Es ahí donde cobra verdadera importancia cualidades como la empatía, el ejemplo, la sensatez, la justicia y la autoconfianza que, indudablemente, aportarán a la proyección de un líder.

Hoy día, los líderes enfrentan grandes retos. Tal es el caso de los gobernantes y dirigentes de importantes organizaciones, entre otros. Lamentablemente, algunos carecen en sus ejecutorias de la transparencia que amerita su desempeño. Pero no todo está perdido porque, afortunadamente, existen los contrastes que nos permiten identificar a ese líder que llene nuestras expectativas. Increíblemente, ese líder idóneo lo tenemos muy cerca, como es el caso de la mujer empresaria que sobresale en un mundo donde se cuestiona el concepto de género para hacer justicia. Esa líder expande sus ejecutorias para combinarlas con sus funciones en otras facetas, como lo son los roles como madre y jefa de familia en su amplia concepción".

4. Le reconocen como líder en su industria, ¿qué le define como líder?

"En mi desempeño en la industria de bienes raíces, he logrado despuntar como líder, luego de muchos años de preparación, estudio, esfuerzo, sacrificio y responsabilidad.

Más que líder, he sido compañera y solidaria de todos los que me han expresado que me reconocen como mentora, un honor indescriptible que valoro más que cualquier galardón, reconocimiento, certificación o designación académica obtenida durante mi trayectoria profesional. Debo reconocer que también en este renglón existen los contrastes".

5. En su evolución como líder, ¿ha experimentado alguna barrera para lograrlo?

"Muchos obstáculos se posan en el camino, pero antepongo el siguiente pensamiento que en algún momento cultivé: *"No importa el camino hasta ahora recorrido, sino el que nos queda por recorrer. Solamente nos detendremos para mirar hacia atrás y percatarnos de cuánto hemos avanzado"*.

6. ¿Cómo toma decisiones en momentos de dificultad o crisis?

"Aprendí en el camino que las decisiones se toman de forma ponderada, pero oportuna. No se pierde actualidad en la toma de decisiones, aunque se trate de situaciones que conlleven retos o representen crisis. Ciertamente, debe estar bien informada y basada en un criterio responsable".

7. ¿Qué mentores y otros líderes han marcado de manera positiva su evolución de vida y profesional? ¿Qué tipo de líder o líderes no desea emular?

"En el camino descubrí que mi vida profesional ha estado influenciada por líderes que no necesariamente se han desempeñado dentro de la industria de bienes raíces. He aplicado a mi quehacer profesional sus frases de vida, su ejemplo y sus ejecutorias.

Yo les llamo mis personas favoritas: Leonor Santiago, mi abuela, una líder innata que menciono cada día de mi vida; Carmen Ana Archevali, mi madre, abogada brillante que siempre me ha inspirado. Cada día emulo muchos aspectos de su vida. Otra persona favorita es mi abuelo, don Luis Archevali, comerciante, autodidacta y persona ejemplar, quien también ha sido inspiración en mi vida y me permite guardar gratos recuerdos de mi infancia.

Por otro lado, me distancio absolutamente de aquellos mal llamados líderes que utilizan el poder para abusar de los desventajados, dando un mal ejemplo para las generaciones que afloran. Algunos se precian de ser presidentes de grandes potencias".

8. En las redes sociales se ha publicado ampliamente que las líderes manejan y lideran mejor las crisis (como la pandemia 2020) y las fases de recuperación que los líderes. ¿Qué piensa de ello?

"Considero que el liderazgo no es cuestión de géneros en lo que al ámbito profesional se refiere. Ciertamente, la mujer aporta significativamente en el proceso de recuperación de crisis humanitarias, pero no es menos cierto que lo idóneo es que tanto el hombre como la mujer se complementen al respecto".

9. ¿Qué consejos brindaría a mujeres, jóvenes y niñas que quisieran incursionar en posiciones de liderazgo en cualquier industria y en cualquier parte del mundo?

"El desarrollo como líder en el ámbito profesional requiere un sentido de autoconfianza, aprendizaje y determinación. En el campo del liderazgo, toda persona cuenta: niñas, jóvenes y mujeres adultas. Es necesario fortalecer la autoestima y conocer los objetivos. El liderazgo podría resultar intimidante si no se tienen los objetivos claros. Es necesario desarrollar destrezas de comunicación.

De igual forma, es importante que un líder tenga muy presente los siguientes conceptos: integridad, madurez y ejemplo; sin dejar a un lado los principios de honestidad y sensibilidad. Es innegable que algunas personas nacen con mayor naturaleza de líder que otras.

Asimismo, la mayoría de las personas no buscan ser líderes, pero aquellos que quieren serlo pueden desarrollar sus habilidades de liderazgo".

10. Cuénteme sobre el proyecto Voces por Puerto Rico, cuál fue su propósito, cómo impactó a los jóvenes, en términos de liderazgo y cómo impactó su vida.

"Hace varios años, en unión a varios líderes de la industria de bienes raíces, desarrollamos un proyecto dirigido a jóvenes estudiantes de tercer y cuarto año de escuela superior: *"Dale Like a tu voz por Puerto Rico"*. Sin lugar a dudas: un desafío al liderazgo. Se trató de una propuesta para que los jóvenes se expresaran, a través de un ensayo, sobre los asuntos más impactantes en el Puerto Rico de esos días. Insospechadamente, ese proyecto sobrepasó nuestras expectativas. Descubrimos treinta líderes en desarrollo. Las cualidades de liderazgo de estos jóvenes culminó en la publicación de un libro titulado: *"Voces por Puerto Rico"* (30 ensayos, 30 jóvenes autores, un legado). Indiscutiblemente, se manifestó el liderazgo en ambas direcciones".

Ivelisse Figueroa, la líder que apela al crecimiento y al liderazgo del corazón, comparte una invitación muy especial para los líderes actuales y los líderes en pleno desarrollo: *"Ejerce el liderazgo a través de la empatía, sirviendo de ejemplo, agregando valor e influenciando positivamente a otros. Construye tu legado a través del liderazgo"*. Mil gracias por su valiosa aportación al liderazgo puertorriqueño.

No se puede hacer medicina sin sentirse humano

Cuando era niño, quería ser cantante, pelotero y boxeador. Sin embargo, su interés cambió a la edad de cinco años cuando sintió en su corazón que quería ser médico. Desde pequeño tenía algo dentro de sí que lo dirigía a la medicina puesto que aunque su padre era médico, se identificó con el hecho de que su madre, Deborah, no pudo completar los últimos seis meses de su carrera de medicina en España. Esto lo inspiró a centrar sus esfuerzos en convertirse en médico.

En ese entonces, su madre se separó de su padre, por lo que era crucial mantener a su familia. Ante esto, se convirtió en maestra de biología. Regresó a Puerto Rico y dejó atrás sus sueños de ser médico, lo que siempre ella había soñado.

El Dr. Ramón A. Gadea, nacido en Arecibo, Puerto Rico, logró su sueño en convertirse como él lo menciona en "un adulto productivo", "un adulto maduro que estudió una carrera". Es la cuarta generación médica de su familia. Es un especialista en enfermedades infecciosas en Filadelfia (PA- Estados Unidos de América) y tiene más de 31 años de experiencia en el campo médico. Se graduó de la escuela de medicina Ponce School of Medicine en 1989.

Es uno de los dos directores médicos de enfermedades infecciosas para los dos sistemas más grandes de centros de salud que sirven a las comunidades más pobres de la ciudad de Filadelfia. Estos atienden unas 90,000 a 100,000 personas distribuidas en once centros de salud. El Dr. Gadea se enfoca en dos programas: 1) enfermedades infecciosas: a) tratamiento y prevención contra la hepatitis B y C; b) manejo del síndrome VIH y 2) medicina geriátrica con los hispanos. De esta última, lo ve como un apostolado. Muchos de los pacientes quieren ver al médico de Arecibo que habla español y los entiende, el médico que les canta salsa y guaguancó. Que los hace sentir humanos con dignidad.

Cuenta que luego de graduarse ejerció su práctica privada en tres oficinas y cuatro hospitales que generaban muy buenos ingresos económicos para él y su familia en los primeros dos años de completar sus estudios. No obstante, reevaluó lo que siempre había querido hacer: ser un médico misionero. Esa reflexión que se convirtió en uno de los procesos decisorios más importantes de su vida, implicó dejar atrás sus prácticas privadas, su vida cómoda, su ingreso seguro. Decidieron mudarse del oeste de Pennsylvania al centro de Filadelfia. Esto conllevó la reducción de un 25% de sus ingresos; pero, ganó una experiencia para toda la vida. Su esposa, Amy, lo apoyó y comprendió que Dios había puesto en su corazón cumplir con su misión de ayudar a los más necesitados.

Por lo que comenzó a trabajar en un centro de salud llamado *Esperanza Health Center* como director médico a cargo del desarrollo de servicios HIV en comunión con las comunidades, iglesias y el gobierno. Ese momento fue crucial debido a que el centro iba a cerrar. Gadea tomó su liderato para evitar que cerrara y lo logró. Veinte años más tarde, es un centro cuatro veces más grande que el centro original.

De esa experiencia aprendió varias cosas:

1. Como líder, hay que perder el miedo a no tener seguridad para hacer lo que realmente a uno le gusta. *"No le tengo miedo a lo que vaya a suceder. Si Dios lo dispone y se abre una oportunidad, me meto de pecho"*.

2. Aprender a recibir. Al dejarlo todo, sabía que le tomaría más tiempo pagar sus préstamos estudiantiles para ser médico; sin embargo, ante esta magna obra, el gobierno le ofreció múltiples becas al igual que las iglesias y las comunidades también le ayudaron.

3. Reconoce que no todo se hace por dinero. Sostiene Gadea: *"sería un doctor muy infeliz, un mal padre, un mal esposo si mi meta solo fuera económica. Valoro mi trabajo, pero, también valoro que estoy para servir"*.

Se describe como un ser afable, humano, alegre, le gusta que todos se sientan bien, que se sientan cómodos. De igual modo, le gusta elogiar a los demás. Su historia tiene muchos capítulos de sacrificios donde su madre, Mrs. Díaz, lo acompañó para apoyarlo en cada uno de ellos. Aunque un cáncer en el esófago se llevó la vida de su madre, este confirma que *"su legado es como un tatuaje en su piel. Está vivo"*.

Por otra parte, el Dr. Gadea se llena de amor cuando recita: *"Soy afortunado: mi esposa Amy, me ama; tengo tres maravillosos hijos: Ramón, Ryan y David. No estoy solo"*. Se siente bendecido. *"Dios ha sido fiel para él"*.

En otros aspectos de su vida, es fanático de los Astros de Houston, de visitar a Puerto Rico para reunirse con sus amigos del ayer y es amante del churrasco argentino con ensalada y aguacate al igual que la carne guisada. Sostiene lo siguiente: "Si estoy de paso por Puerto Rico, el mofongo con churrasco es mi opción favorita".

Luego de descubrir estas dimensiones humanas del Dr. Gadea, lo conoceremos a través de otros aspectos de su vida.

1. **Si tuviera que comenzar de nuevo, ¿qué haría diferente y qué mantendría igual?**

"Me hubiera gustado tener más disciplina para realizar actividades extracurriculares como tener la persistencia de continuar las clases de piano. No todo tenía que ser enfocado en asuntos escolares. Ahora, ese vacío de tocar el piano, lo lleno con la poesía. Por otro lado, me gusta mucho escribir poemas, estudiar y escuchar música. De hecho, uno de mis hijos es músico. El resto, sería igual; sin embargo, es importante como líder que uno reflexione sobre su vida".

Encontré unos versos del 2016 de su autoría dirigidos a su terruño Puerto Rico (extracto) los cuales fueron publicados en Facebook®. Estas son sus líneas:

"Vamos que el terruño llama, lleguemos pronto que nos espera la Patria. El clamor de tus playas nunca cansa y en el horizonte de tu añoranza, la tristeza nunca alcanza. Vivo en el sueño de llegar a mi nido sin tardanza".

"Regreso a la esquina en donde deposité en muchos amigos mis secretos con confianza. Esa gente te recibe siempre y te dicen bienvenido mi pana".

2. ¿Cómo comienza su día?

"Me levanto muy temprano y llego más temprano que los demás. Siempre preparado. Planifico cada día y si algo tengo que ajustar o requiere flexibilidad, lo hago con humildad para aprender de ello. Los buenos líderes no tienen miedo de hacer cambios. Eso lo aprendí de Mami. Realizo un mapa mental de lo que me espera ese día. Si algo me genera ansiedad, le pongo nombre para enfrentarlo. Dios siempre me ayuda con todo lo que me pasa.

Por otro lado, entre las 6:00 am – 7:30 am, sé que tendré un espacio de puertorriqueñidad para ratificar quién soy. Escucho las noticias de Puerto Rico a través de Univisión. Quiero saber qué pasa con mi isla y con su gente".

3. ¿Qué significa éxito para usted?

"Éxito para mí significa hacer lo que sé, hacer lo que me gusta. Estar plantado donde quiero estar".

4. ¿Cómo celebra sus logros y sus triunfos?

"Los celebro con agradecimiento y con asombro. Lo que se gana con justicia y esfuerzo, trae abundancia".

5. ¿Qué le causa paz?

"Me causa paz y tranquilidad que cumplo con mi misión de vida: servir con igualdad a los demás a través de la medicina. No me gustan las injusticias sociales porque eso genera intranquilidad y envenena el alma. Existen personas que no saben que han fallado en la vida y no hacen nada por ello".

6. ¿Qué ha aprendido de los proyectos que no han sido exitosos?

"De esos, son los que más he aprendido".

7. ¿Qué lección de vida en su niñez le hizo más fuerte y enfocado en su liderazgo servidor actual?

"La experiencia de repetir el primer grado por mi tipo de escritura, no por mis notas, me hizo más fuerte. Ese sabor de la derrota me hizo enfocarme. Fue como Moisés, responsable de sacar al pueblo judío de la esclavitud – de crear un puente de transición para que Josué lograra finalmente llevarlos a la tierra prometida porque él no lo logró.

Fue una gran lección de liderazgo: me pueden dar, me puedo caer; pero, me levantaré mejor de lo que era. Es mi motivación para todo: desde ingresar a escuelas especiales que vaticinaban que no podía ingresar hasta convertirme en médico".

8. ¿Cuál ha sido el momento más glorioso y el más difícil que le ha tocado vivir?

"El momento más glorioso fue cuando nació mi primer hijo, Ramón. El momento más difícil fue cuando nos dieron la noticia de que el más pequeño no iba a vivir por sufrir de una enfermedad terminal del hígado y por tener autismo. Solo pensé: "Dios...déjalo vivir".

9. ¿Tiene alguna máxima que repite y comparte con otras personas? ¿Cuál es?

"Tengo varias: *"No hay peor gestión que no se hace"*. *"Dios está en control"*. *"Dios nunca llega cuando tú lo esperas; pero, siempre llega a tiempo"*.

10. ¿Qué hace en su tiempo libre?

"En mi tiempo libre, asisto a las terapias de mi hijo menor, David. Asimismo, viajo con cada uno de mis hijos, de acuerdo con lo que le gusta hacer.

De igual manera, me gusta leer biografías, historias, periódicos y revistas. Me gusta la gente que sabe contar su historia de vida y que me ayuda a ser un mejor líder".

11. ¿Cómo humaniza el servicio que brinda a sus pacientes y a sus familias?

"En las comunidades en las cuales trabajo siempre me veo como el hijo de Deborah. Por eso, a ellos los veo de la misma manera: son como mis hermanos, mis amigos, mi familia. Los trato así porque quiero que traten a mi mamá y a mis hermanos como lo hago, con el mismo respeto y con la misma empatía. Me convierto en parte de su grupo.

Cuando realizo una visita médica, les canto salsa o guaguancó a mis pacientes. Me traen hasta sus familias completas para conversar conmigo. Soy parte de ellos. Es una obra misionera. Soy responsable de dar el mejor cuidado, no de sermonearlos. Mi responsabilidad es ayudarlos. Somos hijos de Dios.

Es importante identificarse con sus batallas de salud porque yo también las tengo. No se puede hacer medicina sin ser humano. Es un total disparate hacerlo de otra forma".

12. ¿Qué ha visto en su profesión que al denunciarlo ha añadido valor a las comunidades que le rodean?

"Me disgusta la injusticia. Me indigna, es mi batalla diaria. Me levanto cuando no tratan bien al paciente. No me gusta que le digan a un paciente que sacó el día completo para viajar con su hijo por una vacuna y que al llegar le respondan que su médico no está, por lo que no la pueden atender. Eso está mal. Un líder tiene que denunciar lo que no funciona para que sea mejorado.

Entiendo muy bien los sacrificios de las madres solteras puesto que soy hijo de una madre soltera. Esos sacrificios, hay que valorarlos. Ante esta situación, prefiero atender esos pacientes para que no se vayan sin su tratamiento. Aunque llegue tarde a mi hogar, ofrezco el servicio porque se lo merecen. Un líder también requiere hacer sacrificios".

Sobre la emergencia global causada por el COVID-19

El 23 de septiembre del 2020, el Dr. Gadea fue entrevistado por Brian Mendoza de Telemundo 62, en el espacio *Coronavirus: la recuperación* del ancla Alberto Rullán, por lo que este comentó "*cuán importante era que tanto las personas como los comerciantes en Filadelfia tomaran las decisiones para proteger el bienestar de todos*", al flexibilizarse las restricciones en los negocios de algunos condados del estado.

Por otro lado, Gadea, el salubrista público, el infectólogo, compartió luego el 21 de octubre en Facebook®, que "*la disparidad y la desigualdad en el cuidado de la salud son abismales. La mayoría de la gente infectada en los Estados Unidos es gente pobre que no tiene el privilegio de trabajar desde sus hogares. Tenemos que buscar una manera segura de reabrir nuestro país. No todo puede ser por una decisión política en pleno año eleccionario*".

Muchas gracias, al Dr. Ramón A. Gadea por su mensaje de cómo los líderes nos hacemos humanos cuando servimos a los demás y cómo debemos velar para que todos tengan igualdad de acceso a los sistemas de salud del mundo.

La riqueza de los entrevistados: puntos finales

De manera general, los entrevistados desde el empresario Rubén Huertas hasta el Dr. Ramón A. Gadea, nos regalan con su sabiduría y vasta experiencia una compilación de principios validados de liderazgo:

1) Es preponderante construir y desarrollar relaciones humanas verdaderas y honestas con tu familia, con las alianzas de negocios y con las instituciones sociales y religiosas que te rodean.

2) Tu familia es la primera relación que debes cultivar. Atiende y comprende sus necesidades físicas, emocionales y espirituales.

3) Se sirve con empatía y sin duda alguna de hacerlo. Un líder tiene sentido de comunidad y tiene conciencia de crecimiento.

4) Para ser líder hay que tomar decisiones arriesgadas, sobre todo, para el bienestar de la gente que queremos y nos importa.

5) Conviértete en lo que deseas ser. Explota tu potencial para ello y al lograrlo, ayuda a otros a ser lo que desean ser o lo que otros ven que ellos no lo ven y piensan que no pueden.

6) Denuncia y actúa para mejorar el trato hacia los demás. Muestra tu carácter sin afectar a otros. Tenemos que acabar con la desigualdad en la salud, la educación, el acceso digital y en las fuentes económicas de ingresos y financiamientos para negocios.

7) Cultiva los valores inculcados por tu familia, quien te guió o quien fuera tu mentor. No arriesgues perderlos por adelantar tus intereses.

8) Innova. Desarrolla valiosos programas para mejorar la educación, el carácter moral, la fortaleza mental y el estatus económico de los miembros de tus comunidades, equipos empresariales o corporativos. Este punto nos recuerda al Dr. Gadea, precursor de un programa de telemedicina para los prisioneros del estado de Pennsylvania el cual luego fue adoptado por la universidad de Temple.

9) Ten la visión para ser grande, persiste y demuestra con tu personalidad que se puede ser líder, a pesar de las circunstancias.

10) El líder desarma todo para encontrar el problema. En ese desarme es vital que los equipos de trabajo también persistan para encontrar la solución.

Gracias a cada uno de los entrevistados por presentar sus historias de vida entrelazadas con los principios y valores que fundamentan un verdadero liderazgo al igual que por hacer de nuestra sociedad una mejor, tanto para los ciudadanos de hoy como para las próximas generaciones.

Mensaje Final

Mensaje Final

Tanto en la luz como en la oscuridad, existen oportunidades de crecimiento, todo depende de cómo el líder decidirá si las utilizará para el bien de los demás al igual que para su transformación. Es el despertar de la conciencia del líder lo que le impregnará la fuerza y la voluntad necesaria para abrazar la excelencia y demostrar lo siguiente:

1) Su capacidad de perdonar y evolucionar: En momentos de plena oscuridad, Orlando, el prisionero en Cuba, entendió que para ser feliz tenía que perdonar a sus carceleros al igual que la periodista española Irene Villa quien perdonó a los terroristas que casi le arrebatan la vida tanto a su madre como a ella. Asimismo, la increíble e incomparable historia del refugiado sudanés Michael Lual Mayen que se convirtió en un empresario que fomenta la paz y la reconstrucción de comunidades a través de juegos digitales.

2) Reconocer que los errores que cometemos podrán transformarnos en mejores líderes cuando aprendemos de sus lecciones como en la técnica japonesa, *kintsugi*. Al aplicarla al liderazgo, vemos que esta invita a la reflexión puesto que requiere paciencia, enfoque y un real compromiso de crecer.

3) Comprender el dolor humano cuando la muerte se asoma y se lleva lo más preciado de la vida. Este es el caso de la fragilidad humana donde el escritor Rubén Huertas compartió una historia real inaudita vivida.

4) Entender que existen líderes en construcción que se tambalearon y se levantaron con una visión totalmente diferente, luego de tomar decisiones poco acertadas, y merecen una nueva oportunidad, si estos realmente lo anhelan. Una historia que me estremeció y la recibí justo en el proceso de edición de este libro: la representante estatal del distrito 23 de Washington electa en el 2020, Tarra Simmons, una exconvicta y drogadicta que al reintegrarse a la sociedad luego de su condena, se percató que no tenía una segunda oportunidad de retomar su trabajo como enfermera y tampoco tenía otro camino para ser exitosa.

Ante esto, decidió estudiar leyes, vencer las barreras para convertirse en abogada en pro de los derechos civiles y fundar el *Civil Survival Project* para brindar oportunidades a exconvictos como ella. En ese camino, fue apoyada por su mentor, el abogado Shon Hopwood, un exconvicto transformado quien había sido condenado por robo bancario. El verdadero liderazgo promueve nuevas y segundas oportunidades (Free, 2020).

5) Vislumbrar la valentía de su voz para denunciar la violación de los derechos humanos, la pobreza y la desigualdad intencionada, la hambruna y la corrupción en todas las

dimensiones de la vida. Las voces de la generosidad y de la igualdad como la del economista Muhammad Yunus, el Chef Andrés, la abogada Nasrin Sotoudeh, la ONU y la organización Transparency International llenan de esperanza y oportunidades de inclusión para la humanidad.

6) Abierto para escuchar a otros cuando estos se percatan que al líder le pasa algo y necesita apoyo emocional. Kike, el glorioso vendedor de la calle, fue capaz de identificar que no podemos estar aislados y que juntos podemos realizar cambios en la vida y en la sociedad.

7) Develar la verdad y provocar preguntas para unir a la gente como en el caso de Chato y de Sergio Vieira de Mello. Esto nos lleva al siguiente enunciado de liderazgo: *a falta de comunicación y de la verdad, la gente se confunde y eventualmente, pierde el respeto por el líder.*

8) El rostro del líder al igual que sus acciones no pueden configurarse con la maldad o el egoísmo de sus intereses. El liderazgo no puede adulterarse. Tampoco, a través de cometer acciones a base del efecto Dunning-Kruger (creerse más listo de lo que es y rechazar la verdad), efecto fundamental de la atribución (ver en los demás la culpa, no en sí) o del efecto de la bombilla del 401 (enfocarse solo en los detalles mientras el resto se quebranta).

9) El comportamiento del líder transformacional se aleja del estilo de Procusto, mantener al margen a quien sobresale al igual que de los efectos de Aracne, de proyectarse con

arrogancia o de Hibris, de ser insolente o descomedido. Busca el equilibrio entre los equipos de trabajo y de su círculo de influencia para entender la complejidad de las relaciones humanas. Como señala la general retirada de cuatro estrellas, Lori J. Robinson es "tan importante tener increíbles colaboradores, pero también que tengan voz. Está bien que no siempre estén de acuerdo contigo".

10) Las acciones de un líder se fundamentan en la empatía hacia los demás. Si este carece de la destreza de convocar su empatía hacia quienes dirige y hacia quienes impacta, simplemente está boicoteando y adulterando su conciencia humana.

11) El comportamiento del líder honra la verdad y no vende su integridad por acuerdos especiales, recompensas jugosas o secretos revelados. *Zapatos con honor,* de mi abuela Ana Rosa, nos recuerda que ante todo existe un proceso decisorio para escoger entre el bien o el mal; sin embargo, es la integridad la que siempre debe prevalecer al escoger el bien.

En una escena de la película The Godfather II (1974), Michael Corleone, el líder familiar y líder de negocios ante los ojos de la mafia y del Congreso de los Estados Unidos de América dice estas palabras:

<<Es una deshonra para mi persona negar que soy un criminal. Nunca he sido arrestado o procesado por algún crimen. No hay pruebas que me vinculen con cualquier conspiración criminal si se llama mafia o Cosa Nostra. Desafío a este comité a que presente algún testigo o evidencia

en mi contra. Si no, espero a que tenga la decencia de limpiar mi nombre de manera pública que está manchado ahora>>. En sus ojos de líder, solo en sus ojos, se ve como un hombre íntegro y honesto mientras que por otro lado su rostro encarna la maldad, la corrupción y la miseria de corazón que carcome la verdad, el carácter solidario y la humildad para ver la realidad humana. ¿Cómo puede un líder como este mejorar el futuro de los demás? ¿Qué actos de magia comete este líder para no ver lo que pasa a su alrededor y para no examinar sus acciones?

Nuestras decisiones y omisiones son de naturaleza moral, según establece el Dr. Charles Stanley. La tarea fundamental del líder es *"permitir que cada humano lidere una vida tan larga como pueda"*. Cuando lideramos con nuestro ejemplo, se construye un mejor futuro; cuando permitimos romper barreras, también se crean nuevos modelos a seguir. Este es el caso de la primera vicepresidenta electa en los Estados Unidos de América, Kamala Harris, una barrera política quebrantada nunca antes vista. (Harris, 2020b). Ella a su vez ha señalado cuán importante es soñar con ambición, liderar con convicción y "mirarse de un modo que otros nunca lo han visto antes".

Desde ***Perdoné a mis carceleros*** hasta ***Miss…por fin salió de la baticueva***, el mensaje que se compartió invita a una reflexión sobre cuál es nuestro legítimo estilo de liderazgo: aquel que desea el verdadero bienestar de su gente o aquel que solo asfixia con sus tentáculos a los demás y los exprime para verlos morir de manera emocional, física y espiritual. Por eso, sugiere el filósofo internacional Avula Parthasarathy que "las buenas o malas acciones tienen que ver con el estado de tu mente y no de tus acciones físicas. Es la mente lo que debe reforzarse".

En este sentido, el líder tiene que reforzar su estado de mente y rehabilitarse con su ejemplo para que pueda ayudar a los demás a lograr la visión y el camino definido. Decía el famoso astrólogo, actor, orador y escritor puertorriqueño, Walter Mercado, que *"donde te paras es tu altar"*.

Tienes que honrar ese espacio. Para un líder como lo hemos visto en estas lecciones de vida, su espacio se traduce en donde sirve, donde se comunica, donde honra a los demás con sus palabras, donde plantea la verdad. A mayor deseo del líder de servir, mayor será su competencia y disciplina para ejecutarlo.

Por otro lado, el carácter de un líder se devela ante una crisis en la cual podría sentirse completamente perdido y a pesar de ello, tiene que actuar y no dejarse corromper por lo que está viviendo. Precisamente, esta crisis sanitaria global del 2020 develó la naturaleza de los líderes: los que abandonaron a quienes lideraban y los que surgieron con humanidad y empatía.

Los líderes que dentro del torrente de ansiedad, desesperación y desconocimiento mundial del impacto de este virus se mantuvieron ecuánimes para tomar las mejores decisiones organizacionales, políticas, sociales, familiares y religiosas, esos son los que se deben replicar y emular. En esta crisis hemos palpado tres vías en el estilo de liderazgo y comunicación:

1) los que lideran la crisis con fortaleza mental, unión y solidaridad para que sus equipos puedan servir de manera efectiva- su conciencia humana siempre está presente, 2) los que la bordean y no tienen coraje para liderarla y 3) los que en algunos momentos intentan liderarla y en otros, no. Estas últimas dos vías nos dejan con la incertidumbre de cuál es el verdadero rostro del autollamado líder puesto que su desempeño erosiona y desgasta lo poco que le queda para creerle y confiar en que tomará el rumbo adecuado para salvar a su gente, a sus colaboradores, a sus seguidores e inclusive, a su círculo de influencia.

El punto anterior demuestra de manera clara que no existe nivel alguno de conciencia para ayudar a quienes más lo esperan y necesitan. Como aseveran algunos, *"los líderes insensatos y huecos han creado un segundo Chernobyl en esta pandemia igual de catastrófico que el accidente nuclear ocurrido en Ucrania en 1986"*.

Esto conlleva a plantear varias expresiones del Dr. David R. Hawkins: "una crisis de credibilidad e integridad está fracturando todos los niveles de la sociedad y "sin conciencia humana no podrá haber avances en la ciencia". A esto le añado: "no podrá haber avances en el liderazgo, en las relaciones humanas o en la capacidad de entender el sufrimiento humano".

La pregunta obligada sería: ¿en cuál lado del liderazgo se encuentra tu visión y la de quienes te rodean: en el lado de liderar con la verdad que se basa en la conciencia y en la reflexión continua o en el lado de la terrible falsedad y oscuridad inhumana?

Cuando abrazamos como líderes la indiferencia, la agresión, la destrucción, la esclavitud, la venganza, el antagonismo, el desorden, el caos, el odio y olvidamos la empatía, nos ubicamos en el lado de la falsedad. Cuando abrazamos la generosidad, la serenidad, la paz, el optimismo, la piedad, la comprensión, la sabiduría, la tolerancia, la decencia, el honor, el respeto hacia los demás, la capacidad de perdonar y rechazar la venganza, se adhiere al lado de la verdad y de la conciencia humana. De igual manera, nos afianzamos en el liderazgo que pertenece a la gente y para la gente.

Una frase italiana nos inspira a trabajar ante el liderazgo del siglo XXI: *"il mondo andrà bien"*. Para que el mundo esté bien tenemos que unirnos, tenemos que mostrar un liderazgo humano, un liderazgo disciplinado y un liderazgo lleno de sensibilidad.

Para ello, respondí al llamado de liderazgo convocado por la exquisita Jacqueline L. Kennedy Onassis cuando tenía tan solo 13 años. Hoy, te invito a cambiar el mundo a través del despertar de la conciencia del líder, del despertar dirigido al bienestar de su gente y que rechaza el poder oscuro de la negligencia y de la muerte de la esperanza.

Querido lector, querida lectora

Luego de caminar juntos este proceso para despertar la conciencia humana, te planteo lo siguiente: ¿A quiénes invitarías a tu mesa de liderazgo con conciencia y por qué? ¿Quiénes podrían llenar estas butacas, de acuerdo con estas cualidades de liderazgo?

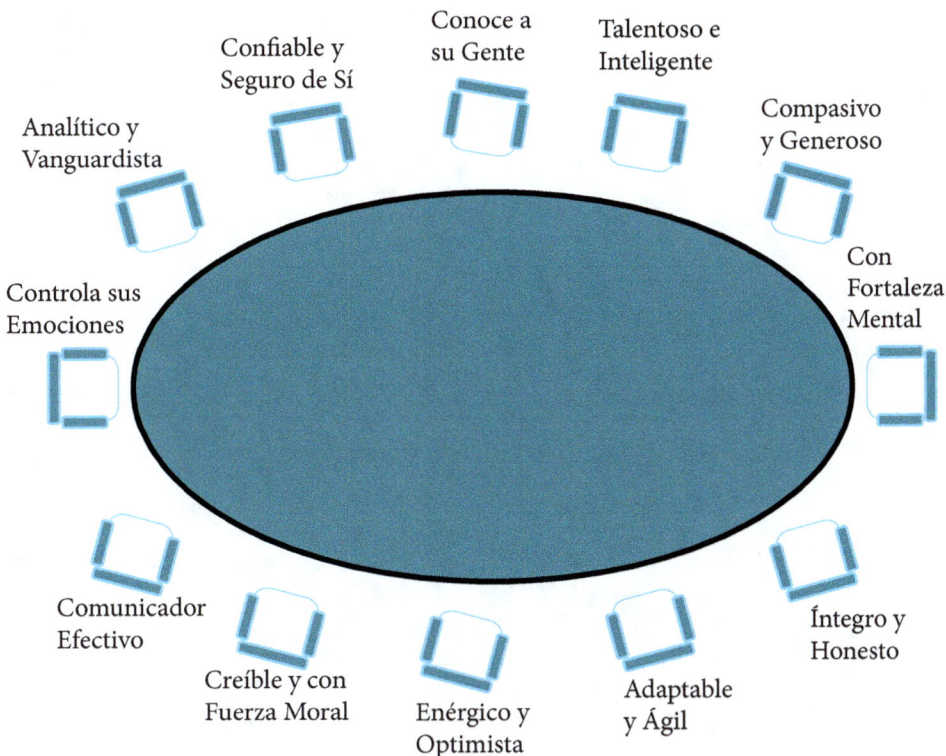

Espero que nos volvamos a encontrar en este fascinante y emocionante camino del desarrollo personal. Hasta pronto. À bientôt! Elbia Quiñones | San Juan, 2021

Referencias

Referencias

Anderson, K. (23 de febrero de 2017). Become the people you love. Forbes. https://www.forbes.com/sites/karenanderson/2017/02/23/become-the-people-you-love/

Andrejev, A. (24 de octubre de 2019). Once he was a refugee. Now he's a CEO making video games for peace. The Washington Post. https://www.washingtonpost.com/video-games/2019-10-14/once-he-was-a-refugee-now-hes-a-ceo-making-video-games-for-peace

Annan, K. & Fox, V. (9 -11 de diciembre de 2003). Acción mundial contra la corrupción. [Mensajes del Secretario General y el Presidente Fox]. Conferencia de las Naciones Unidas, Mérida, México.

Ansbacher, H. L. (Ed). & Ansbacher, R. R. (Ed.). (1964). The individual psychology of Alfred Adler. 1ra edición. Harper Perennial.

Aracne. (s.f.). En Wikipedia. https://es.wikipedia.org/w/index.php?title=Aracne&oldid=129313874

Arnold, M. (15 de noviembre de 2020). Plato's philosophy: 10 breakthroughs that contributed to society. The

Collector. https://www.thecollector.com/plato-philosophy-breakthroughs/

Article 19. (18 de julio de 2018). Progress on the right to information around the world. https://www.article.org/resources/infographic-progress-on-the-right-to-information-around-the-world/

Avancini, A. (Director). (2016). Josué y la tierra prometida. [serie de televisión]. Brasil. Casablanca

Badional, J. M. (6 de junio de 2012). Los pecados de Corzine. Reporte Indigo. http://www.reporteindigo.com/indigonomics/los-pecados-de-corzine/amp/

Bahar, R. & Carracedo, A. (Directores-Productores). (2018). The Silence of Others (El silencio de otros). [Documental]. Semilla Verde Productions, Lucernam Films & Blue Ice Docs. Transmisión en Netflix. https//netflix.com

Bariso. J. (6 de junio de 2020). What a chess grandmaster can teach you about emotional intelligence. Inc. https://www.inc.com/justin-bariso/null

Benson, B. (14 de noviembre de 2019). Ex-Amazon manager: Jeff Bezos is 'obsessed' with this decision making style- 'it's his key to success'. CNBC. https://www.cnbc.com/2019/11/14/how-billionaire-jeff-bezos-makes-fast-smart-decisiones-under-pressure-says-ex-amazon-manager.html.

Benton, E. (5 de agosto de 2020). A green beret shares how to deal with uncertainty as a leader. Fast Company. https://www.fastcompany.com/90536526/a-green-beret-shares-how-to-deal-with-uncertainty-as-a-leader

Bermúdez, A. (25 de febrero de 2016). Cómo persigue EEUU a los corruptos del mundo. Noticias de BBC. https://www.bbc.com/noticias/2016/02/160224-estados_unidos_corrupción_internacional_fbi_ab

Berraondo, M. (21 de agosto de 2020). Jornada gratuita de liderazgo. {Curso en vídeo]. https://www.capacitarte.org/curso/jornada-gratuita-sobre-neuroliderazgo

Betances, R. E. (2001). Las antillas para los antillanos. 2a edición. Instituto de Cultura Puertorriqueña.

Bezos, J. (23 de noviembre de 2020). Here's how I make Amazon's highest-stakes decisions. Fast Company. https://fastcompany.com//90578272/how-jeff-bezos-makes-decisions

Bonnstetter, B. J. & Suiter, J. I. (2004). The universal language DISC: a reference manual. Versión original 1984. 10ma impresión. Target Training International, LTD.

Brower, T. (7 de octubre de 2020). Study shows people prefer robot over their boss: 6 ways to be a leader people prefer. Forbes. https://forbes.com/sites/tracybrower/2020/10/07/study-shows-people-prefer-robot-over-their-boss-6-ways-to-be-a-leader-people-prefer

Bucay, J. (2007). 20 pasos hacia adelante. 3a edición. RBA Libros, S.A., págs. 16-22.

Bui, T. (2017). The best we could do. ABRAMS.

Canal CBS Evening News. (20 de diciembre de 2019). Trump fires back at "Christianity Today". [Archivo de vídeo]. https://youtu.be/CULIKm8SI-4

Carlin, D. (6 de noviembre de 2019). George Washington knew when to quit. Do you? Forbes. https://www.forbes.com.sites/davidcarlin/2019/11/06/george-washinngton-knew-when-to-quit-do-you

Carlin, J. (2013). La sonrisa de Mandela (Trad.). Editorial DEBATE. (Obra original publicada en 2008).

Cerruti, Gabriela. (14 de enero de 1998). Astiz hoy: "No me arrepiento de nada". Entrevista a Alfredo Astiz publicada en Tres Puntos. Año 1, Número 28, Buenos Aires, Argentina. Reproducida el 29 de agosto de 2017 por Nuestras Voces. https://www.nuestrasvoces.com/ar/entendiendo-las-noticias-/alfredo/aastiz-no-me-arrepiento-nada/

Civil, H. (3 de agosto de 2020). How learning in a crisis can build more resilient leadership. Word Economic Forum. https://www.weforum.org/agenda/2020/08/how-a-crisis-can-build-more-resilient-leaderhip

Cobu, L. (Agosto-Septiembre 2019). The 50 year supernatural magical musical journey of Carlos Santana. AARP The Magazine, págs. 36-38.

Davies, D., Kleinfeld, Stern, M. & Grutcher, A. (2020). The Cyprus Papers: Citizenship sold to more than 2500 clients. Al Jazeera Network. https://interactive.aljazeera.com/aje/2020/cyprus-papers/index.html

Dayman, L. (15 de enero de 2020). Ikigai: the Japanese concept of finding purpose of life. Savvy Tokio. https://savvytokio.com/ikigai-japanese-concept-finding-purpose-life

Denning, S. (23 de enero de 2018). Finding success in failure: lessons from Ray Dalio. Forbes. https://www.forbes.com/sites/stephaniedanning/2018/01/23/is-success-found-in-failure-lessons-from-ray-dalio/

Dobkin. D. (Director). (2020). Eurovision Song Contest: The Story of Fire Saga. [Película]. Gary Sanchez Productions, European Broadcasting Union & Gloria Sanchez Productions. Distribuida por Netflix. https://netflix.com.

Dumaine, B. (2020). Bezonomics. Scribner.

Duncan, R. D. (29 de septiembre de 2020). Is leadership a challenge for you? You can crack the code. Forbes. http://www.forbes.com/sites/rodgerdeanduncan/2020/09/29/-is-leadership-a-challenge-for-you-you-can-crack-the-code

Eikenberry, K. (2018). The long distance leader. Berret-Koehler Publishers, Inc.

El Nacional. (29 de agosto de 2013). Los temperamentos. https://elnacional.com/do/los-temperamentos/amp

Falaris. (Revisado 20019). En Wikipedia. https://es.wikipedia.org/wiki/Falaris

Feigen, M., Wallach, B. & Warendh, A. (1 de julio de 2020). Look to military history for lessons in crisis leadership. Harvard Business Review. https://hbr.org/2020/07/look-to-military-history-for-lessons-in-crisis-leadership

Finanzas para todos. (s.f.). Muhammad Yunus. https://www.finanzasparatodos.es/gepeese/es/fichasDidacticas/protagonistasFD/MUHAMMAD_YUNUS.pdf.

Finzel, H. (1994). The top ten mistakes leaders make. Victor Books / SP Publications Inc.

Ford, F. (Director & Productor). (1974). The Godfather II. [Película]. Paramount Pictures & The Coppola Company.

Free, C. (7 de noviembre de 2020). Tara Simmons is a former addict and prisoner. She was just elected to the state house in Washington. The Washington Post. https://www.washingtonpost.com/lifestyle/2020/11/07/she-is-former-addict-prisoner-this-week-she-was-elected-state-house-washington/

Game Learn Team. (2015). 8 lecciones de liderazgo que puedes aprender de Julio César. https://www.game-learn.com-lecciones-de-liderazgo-julio-cesar

Gleeson, B. (15 de junio de 2020). 15 things effective leaders do with extreme consistency. Forbes. https://forbes.com/sites/brentgleeson/2020/06/15/15-things-effective-leaders-do-with-extreme-consistency

Global Financial Integrity (28 de enero de 2019). Illicit financial flows are significant and persistent drag on developing country economies. https://www.gfintegrity.org/press-release/2019-iff-update-press/release

Gordon, J. & Smith. M. (2015). You win in the locker room first. John Wiley & Sons, Inc.

Greer, S. (Ed.) (2010). So you want to be a politician. Biteback.

Guterres, A. (8 de marzo de 2020). La brecha de poder entre los géneros. [Mensaje del Secretario General: vídeo]. https://wwww.un.org/es/observances/womens-day-message

Harris, K. [@KamalaHarris]. (7 de noviembre de 2020a). Twitter. While I may be the first, I won't be the last. pic.twitter.com/R5CousWtdx

Harris, K. [@KamalaHarris]. (8 de noviembre de 2020b). I hope every little girl watching tonight sees that this is a country of possibilities. Twitter. pic.twitter.com/E4GYfr2Q0O

Harris, K. [@KamalaHarris]. (15 de noviembre de 2020c). It's not enough just to save our economy. We need to build a system that gives all people, including people of color, a chance to succeed. Twitter. https://twitter.com/KamalaHarris/status/1328112527461527552?s=20

Harvey-Craig, A. (14 de junio de 2020). How the Japanese art of kintsugi can defy perfectionism. Tes. https://www.tes.com/news/perfectionism-tackle-failure-japanese-kintsugi

Hawkins, D. R. (2005). Truth vs falsehood: how to tell the difference. Axial Publishing Company, págs. 20-26.

Hibris. (s.f.). En Wikipedia. https://es.wikipedia.org/w/index.php?title=Hibris&oldid=127185591

Hidalgo. M. (12 de abril de 2017). Síndrome Procusto. Muhimu. https://muhimu.es/comunidad/sindrome-procusto

Hill, N. (1997 - V. Ilustrada). Key to success: the 17 principles of personal achievement. Tarcher Periguee.

Ishikawa diagram. (s.f.). En Wikipedia. https://en.wikipedia.org/wiki/Ishikawa_diagram

Jeary, T., Jerusalmi, R., Jerusalmi, A. & Naranjo, A. (2005). Éxito acelerado. 1a edición. D. R.

Juliana, E. (7 de octubre de 2014). El arte de la retirada. La vanguardia. https://www.lavanguardia.com/

politica/20141007/54416819130/arte-retirada-enric-juliana.html.

Katz, J. (19 de mayo de 2020). Donald Trump and the tragedy of failed "masculine" leadership. Ms. https://msmagazine.com/2020/05/19-donald-trump-and-the-tragedy-of-failed-masculine-leadership

Lanielle, L. (20 de septiembre de 2020). Using DISC to identify virtual burnout. DISC Insights. https://discinsights.com/using-disc-to-identify-virtual-burnout

López, I. (23 de septiembre de 2019). México se coloca como el 2do país con más cantidad de sobornos de Latinoamérica. Forbes. https://www.forbes.com/mx/actualidad/

Lowney, C. (20 de octubre de 2020). How leaders create winning teams. Forbes. https://forbes.com/sites/chrislowney/2020/10/20/how-leaders-create-winning-teams/

Mackey, J., McIntosh, S. & Phipps, C. (2020). Conscious leadership. Portfolio /Penguin.

Maero, F. (1 de mayo de 2017). El error de atribución fundamental: cuando responsabilizamos a las personas y nos olvidamos del contexto. Psyciencia. https://www.psyciencia.com/el-error-de-atribucion-fundamental-cuando-responsabilizamos-a-las-personas-y-nos-olvidamos-del-contexto/

Mares, R. (2005). Charles Chaplin. 2da edición. Grupo Editorial Tomo.

Marley, B. & The Wailers. (1977). One Love | People Get Ready. Album: Exodus. Harry J. Studio & Island Studios.

Maxwell, J. C. (2019). Leadershift. Harper Collins Leadership.

Mazzei, P. & Robles. F. (11 de septiembre de 2019). Arrestos por sobornos en la reparación eléctrica de Puerto Rico. The New York Times. https://nytimes.com/es/2019/09/11/espanol/america-latina/sobornos-fema-puerto-rico.html

Mc.Cord, P. (2017). Powerful: building a culture of freedom and responsibility. Publishers Group West.

McChrystal, S., Collins. T & Fussell, C. (2015). Team of Teams. Penguin Publishing Group.

Mujica, J. (6 de junio de 2020). Covid-19, un virus social. DW. https://www.dw.com/es/covid-19-un-virus-social/av-53743577

Mundo. (18 de enero de 2021). Qué es "996", la cultura china que ya mató a varios trabajadores de la industria tecnológica. Infobae. https://www.infobae.com/america/mundo/2021/01/18/que-es-996-la-cultura-china-que-ya-mato-a-varios-trabajadores-de-la-industria-tecnologica/

Myers, P. What do followers want from a leader? (26 de abril de 2020)). Medium. http://www.medium.com/illumination/what-do-followers-want-from-a-leader_id08802796e1

Nájar, A. (21 de agosto de 2020). Emilio Lozoya: 3 claves para entender el mayor escándalo de corrupción en la historia de México. BBC News Mundo. https://www.bbc.com/mundo/noticias-america-latina-53870972

Obama, B. (12 de enero de 2018). Entrevista por David Letterman en "The next guest no needs introduction". (Season 1). Transmitida por Netflix®.

O'Connor, G. (Director). (2016). The Accountant [Película]. Warner Bros.

Oficina Internacional del Trabajo. (2015). Grandes cambios con poco dinero: las mujeres y la microfinanciación. ILO. https://www.ilo.org/wcmsp5/groups/public/---dgreports/---dcomm/documents/publication/wcms_091215.pdf

Oracle and Workplace Intelligence. As uncertainty, anxiety and stress reach a tipping point at work. [AI@Work Study 2020]. https://www.oracle.com/a/ocom/docs/oracle-hcm-ai-at-work.pdf

Organización de las Naciones Unidas. Oficina contra la Droga y el Delito. Los documentos de Mérida (México). Acción Mundial contra la Corrupción del 09 - 11 de diciembre de 2003. Austria: V. 04-5638, March 2005. [Archivo en pdf]. https://www.unodc.org/pdf/corruption/publications_merida_s.pdf

Pathasarathy, A. (2015). Vedanta Treatise: the eternities. 17ma edición. Parksons Graphic Pvt.Ltd.

Phillips, T. & Agren, D. (20 de agosto de 2020). Mexico rocked by claims of corruption against three former presidents . The Guardian. https://www.theguardian.com/world/2020/aug/20/mexico-corruption-former-presidents-emilio-lozoya

Power, S. (2008). Chasing the flame: One man's fight to save the world. Penguin Group.Ramm, B. (25 de octubre de 2017). Why tyrants love to write poetry. BBC Culture. https://www.bbc.com/culturearticle/20171025/why-tyrants-love-to-write-poetry

Ramm, B. (25 de octubre de 2017). Why tyrants love to write poetry. BBC Culture. https://www.bbc.com/culturearticle/20171025/why-tyrants-love-to-write-poetry

Redacción BBC Mundo. (7 de mayo de 2018a). Qué es la "gran corrupción" y cómo América Latina se volvió un caso emblemático de este problema mundial. Noticias BBC Mundo. https://www.bbc.com/mundo/noticias-internacional-43930080

Redacción BBC News Mundo. (14 de marzo de 2019b). Quién es Nasrin Sotoudeh, la conocida abogada de derechos humanos condenada en Irán a penas de cárcel y "148 latigazos", según su familia. Noticias BBC Mundo. https://bbc.com/mundo/noticias-47564364

Redacción BBC Mundo. (4 de agosto de 2020c). Juan Carlos I: los escándalos detrás de su marcha de España, el país que reinó durante casi 40 años. Noticias BBC Mundo. https://www.bbc.com/mundo/noticias-internacional-53646342

Regader, B. (s.f.). Efecto Dunning-Kruger; cuanto menos sabemos, más listos nos creemos. Psicología y mente. https://psicologiaymente.com/psicologiaefecto/dunning-kruger

Singhei, R. (21 de junio de 2020). Let's not confuse strong leadership with a strong leader. [Opinion]. Live Mint. https://www/livemint.com/opinion.columns/let-s-not-confuse-strong-leadership-with-a-strong-leader

Sísifo. (s.f.). En Wikipedia. https://es.wikipedia.org/w/index.php?title=Sísifo&oldid=127486656

Sonnefeld, J. A. & Ward, A. J. (2007: Enero). Firing back: how great leaders rebound after career disasters. Harvard Business Review. https://www.hbr.org/2007/01/firing-back-how-great-leaders-rebound-after-career-disasters

Spicer, A. (1 de octubre de 2018). When to stick with something when to quit. Harvard Business Review.

https://harvardbusinessreview/when-to-stick-with-something-and-when-to-quit-with-something/H04k7s

Stillman, J. (20 de mayo de 2020). EQ matters more than IQ group success, new Harvard study says. Inc. https://www.inc.com/jessicastillamn/null

Tennant, G. (26 de mayo de 2020). Gareth Tennant/Decision Advantage UK. Ex-Royal Marine turned CEO whisperer talks about pandemic strategy. Entrevistado por Paul Armstrong. CNCentrate. https://cncentrate.substack.com/p/interview-gareth-tennant-decision

Thompson, G. T & Jenkins, J. B. (2013). Verbal judo: the gentle art of persuasion. William Morrow.

Time 100 Talks with the world's most influential people [Series de entrevistas]. (2020). Time. https://time.com/collection/time-100-talks

Transparency International. (23 de enero de 2020a). IPC 2019: Américas. https://www.transparency.org/es/news/cpi-2019-americas

Transparency International. (24 de enero de 2020b). IPC 2019: Resumen Global. https://www.transparency.org/es/news/cpi-2019-global-highlights

Transparency International. (4 de diciembre de 2020c). The week in corruption: for a future based on trust, truth and transparency. https://www.transparency.org

Transparencia Internacional |Transparencia Mexicana. Mexicanos perciben menos corrupción; uno de cada tres tuvo que pagar por sobornos. https://www.tm.org.mx/barometro-al-2019/

Tutuk, E. (2 de agosto de 2021). Leadership's cult of personality is dead. Here's is what we should be doing instead. Fast Company. https://www.fastcompany.com/9066472/leaderships-cult-of-personality-is-dead-heres-what-we-should-be-doing-instead

Trías de Bes, F. (5 de marzo de 2017). ¿Para qué sirve perdonar? El País Semanal. https://www.elpais.com/elpais/2017/03/05/eps/1488668750_148866.html

Turmel, W. (2016). 10 things to keep in mind for successful virtual teams. The Remote Leadership Institute. https://www.remoteleadershipinstitute.com

Vicente, J.C. (27 de enero de 2014). Síndrome de Procusto. Sharing Ideas. https://sharingideas-josecard.blogspot.com/2014/01/sindrome-de-procusto-principios-leyes-y.html

Villa, I. (23 de septiembre de 2020a). Entrevista por Samanta Villar en 'Samanta y la vida de' Irene Villa, al ver las imágenes del atentado que sufrió: "Pienso que soy un. milagro'. Redacción Yotele. El Periódico. https://www.elperiodico.com/es/yotele/20200923/irene-villa-imagenes-atentado-eta-milagro-8124473/

Villa, I. (23 de septiembre de 2020b). Samanta y la vida de: La vida de Irene Villa y la frase que todavía persigue a su padre tras el atentado. Redacción Tiramillas. Marca. https://www.marca.com/tiramillas/cine-tv/2020/09/23/5f6af4d922601d8b2c8b460f.html

Walsh, B., Jamison, S. & Walsh, C. (2009). The score takes care of itself: My philosophy of leadership. Penguin Group.

Weiner, E. (25 de agosto de 2020). The business advice Socrates would give if he wrote a management book today. Fortune. https://fortune.com/2020/08/25/socrates-business-management-advice-philosophy/

Witt, J. M. & Dogde, A. (2018). Personality Hacker. Ulysses Press.

Wooden, J. & Tobin, J. (2004). They call me coach. McGraw Hill.

Yunus, M. (2007). Creating a world without poverty: social business and the future of capitalism. Public Affairs.

Bibliografía

Bibliografía

Achor, S. (2010). The happiness advantage. Crown Publishing.

Alessi, C. (7 de septiembre de 2020). ¿Cómo pueden contribuir las empresas? Citas claves de los líderes. World Economic Forum. https://www.weforum.org/agenda-2020/09/como-pueden-contribuir-las-empresas-citas-clave-de-los-líderes/

Baghai, M. & Quigley, J. (3 de febrero de 2011). Cirque du Soleil: a very different vision of teamwork. Fast Company. https://www.fastcompany.com/1724123/cirque-du-soleil-very-different-vision-of-teamwork/

Bariso, J. (3 de agosto de 2020). Google's remote work policy has a great tips you should definitely steal today. Inc. https://www.inc.com/justin-bariso/null

Bregman, P. (2018). Leading with emotional courage. Wiley.

Brimhall, K. (27 de septiembre de 2020). Employees sound off on what makes a truly inclusive leader. Fast Company. https://www.fastcompany.com/90555716/employees-sound-off-on-what-makes-a-truly-inclusive-leader

Burnett, B. & Evans, D. (2016). Designing your life: how to build a well-lived, joyful life. Knopf, Borzoi Books - Division of of Penguin Random House LLC.

Canal Ruben Huertas. (6 de agosto de 2020). La perspectiva correcta 2020. [Archivo de vídeo].YouTube. https://youtu.be/XN8axq1IXQw

Civil, H. (3 de agosto de 2020). How learning in a crisis can build more resilient leadership. Word Economic Forum. https://www.weforum.org/agenda/2020/08/how-a-crisis-can-build-more-resilient-leaderhip

Derek, R. & Stauth, C. (2020). Sizing people up. Penguin Random House, LLC.

Dumaine, B. (2020). Bezonomics. Scribner.

Eikenberry, K. (2018). The long distance leader. Berret-Koehler Publishers, Inc.

Feigen, M., Wallach, B. & Warendh, A. (1 de julio de 2020). Look to military history for lessons in crisis leadership. Harvard Business Review. https://hbr.org/2020/07/look-to-military-history-for-lessons-in-crisis-leadership

Govindarajan, V. & Faber, H. (30 de mayo de 2016). To win the civil war Lincoln had to change his leadership. Tuck

Darmouth. https://www.tuck.darmouth.edu/people/vg/blog/to-win-the-civil-war-lincoln-had-to-change-hios-leadership

Groppel, J. & Andelman, B. (2000). The corporate athlete: how to achieve maximal performanc in business and life. John Wiley & Sons, Inc.

Hagee, M. (2011). Response-able. Charisma House Bookgroup.

Harris, J. R. (2006). No two alike: human nature and human individuality. W.W.Norton & Company, Inc.

Heywood, M. (22 de mayo de 2020). Anti-corruption heroes need help too. Transparency International. https://www.transparency.org/en/blog/anti-corruption-heroes-need-help-too

Holley, P. & Goede, C. (Anfitriones). (12 de diciembre de 2020). Leading down - how do you model leadership for your team? Episodio 116. En John Maxwell Leaderhip Podcast. https://corporatesolutions.johnmaxwell.com/podcast/executive-leadership-podcast-116-leading-down-how-to-model-leadership-for-your-team/

Jeary, T., Jerusalmi, R., Jerusalmi, A. & Naranjo, A. (2005). Éxito acelerado. 1a edición. D. R.

Jeremiah, D. (2016). Courage to conquer. [Study Guide]. Turning Point for God.

Jeremy, D. (August 2020). Delivering the God news to a world in tears. Turning Points, 22-8, p.39.

Katz, J. (19 de mayo de 2020). Donald Trump and the tragedy of failed "masculine" leadership. Ms. https://msmagazine.com/2020/05/19-donald-trump-and-the-tragedy-of-failed-masculine-leadership

Lanielle, L. (20 de septiembre de 2020). Using DISC to identify virtual burnout. DISC Insights. https://discinsights.com/using-disc-to-identify-virtual-burnout

Littauer, F. (1993). Enriquezca su personalidad. 1a edición. Editorial Unilit.

Littauer, M. (2006). Wired that way. [Companion Workbook]. Revell.

López, I. (23 de septiembre de 2019). México se coloca como el 2do país con más cantidad de sobornos de Latinoamérica. Forbes. https://www.forbes.com/mx/actualidad/

Lowney, C. (20 de octubre de 2020). How leaders create winning teams. Forbes. https://forbes.com/sites/chrislowney/2020/10/20/how-leaders-create-winning-teams/

Marley, B. & The Wailers. (1977). One Love | People Get Ready. Album: Exodus. Harry J. Studio & Island Studios.

Martin, K. (2018). Clarity first: how smart leaders and organizations achieve outstanding performance. McGraw-Hill Education.

Maxwell, J. C. (2019). Leadershift. Harper Collins Leadership.

Mazzei, P. & Robles. F. (11 de septiembre de 2019). Arrestos por sobornos en la reparación eléctrica de Puerto Rico. The New York Times. https://nytimes.com/es/2019/09/11/espanol/america-latina/sobornos-fema-puerto-rico.html

Mc.Cord, P. (2017). Powerful: building a culture of freedom and responsibility. Publishers Group West.

McChrystal, S., Collins. T & Fussell, C. (2015). Team of Teams. Penguin Publishing Group.

Merritt, J. (2019). Character still counts. Harvest House Publishers.

Myers, P. What do followers want from a leader? (26 de abril de 2020)). Medium. http://www.medium.com/illumination/what-do-followers-want-from-a-leader_id08802796e1

Nadella, S. (2017). Hit resfresh. Harper Collins Publishers.

Quiñones, E. (2020a). Autodecepción. [Lección de liderazgo en audio del libro Mentoría para líderes del señor

Rubén Huertas-2016]. https://soundcloud.com/user-716304330/autodecepcion

Quiñones, E. (2020b). Tienes que sentirlo. [Lección de liderazgo en audio del libro Liderazgo dondequiera-2016]. https://soundcloud.com/user-716304330/tienes-que-sentirlo

Reffkin, R. (2021). No one succeeds alone: learn everything you can from everyone you can. Hougton Mifflin Harcourt.

Rohm, R. A. (1996). Positive Personality Profiles. 7ma edición. Personality Insights, Inc.

Rovira, A. (2019). Las palabras que curan. 1ra edición. Plataforma Editorial.

Samit, J. (2015). Disrupt you!. Flatiron Books.

Schwantes, M. (17 de julio de 2020). Bill Gates success came only after he learned this important leadership skill. Inc. https://inc.con/marcel-schwantes

Scott, K. (2017). Radical candor. St. Martin's Press.

Spicer, A. (1 de octubre de 2018). When to stick with something when to quit. Harvard Business Review. https://harvardbusinessreview/when-to-stick-with-something-and-when-to-quit-with-something/H04k7s

Stanley, C. (2000). Experiencing success God's way. Thomas Nelson, Inc.

Stillman, J. (20 de mayo de 2020). EQ matters more than IQ group success, new Harvard study says. Inc. https://www.inc.com/jessicastillamn/null

Transparency International. (4 de mayo de 2020a). The high costs journalists pay when reporting on corruption. https://www.transparency.org/en/news/the-high-costs-journalist-pay-when-reporting-on-corruption

Transparency International. (18 de diciembre de 2020b). Knocking on the kleptocrats' doors. https://www.transparency.org/en/news/real-estate-data-knocking-on-kleptocrats-doors.

Turmel, W. (2016). 10 things to keep in mind for successful virtual teams. The Remote Leadership Institute. https://www.remoteleadershipinstitute.com

Vallotton, B. & Johnson, B. (2008). De mendigo a príncipe. Editorial Peniel.

Witt, J. M. & Dogde, A. (2018). Personality Hacker. Ulysses Press. World Economic Forum. (Enero 2019). Leading through the fourth industrial revolution. [Archivo PDF]. WEF. http://www3.weforum.org/docs/WEF_leading_through_the_fourth_industrial_revolution.pdf

Índice

Índice

A

adiestramiento integral 156-157
adiestramiento técnico 156-157
Afganistán 130
África 75
Agencia Carlos M. Benítez Inc. 171
Agente 007 53
Ahsha Tribble 129
Alain Hunkins 21
Alan García 131
Albert Einstein 155, 166, 191
Alberto Rullán 221
Alemania 172
Alex Kantrowitz 49
Alfred Adler 42, 45
Alfredo Astiz 100
Al Qaeda 111
Alturas de Brooklyn 109
Always Day One 49
Amazon® 45, 49, 105
Amelia Earhart 110
Amnistía Internacional 62
Ana Rosa 19, 125
Andrejev 75
Andrew Carnegie 89
Ángel Pérez Otero 97
Ángel Rubio de la Muerte 100
Angola 131
António Guterres 61
Apple® 114
Aracne 47, 229
Argentina 100-101, 131
Ashikaga Yoshimasa 74
Asturias 104
Atenea 48
Atlántico 110
Augustina 200

Avula Parthasarathy 48, 232

B

Banco Espíritu Santo de Portugal 131
Banco para los Pobres 102-103
Bangladesh 102
Banker's Club 175
Barack Obama x
Barómetro Global de la Corrupción 128
Basque Culinary World Prize 104
BBC 62
Bernardita López Alvarado 183, 194
Biblia 151, 179
Bin Laden 47
Blue Origin 105
Boán 125
Bob Marley 39
Brasil 131
Brent Gleeson 84
Brett Crozier 201
Brexit 113

C

Caguas Board of REALTORS® 159
California 114
Canelo Álvarez 52
Carlos Condell 200
Carlos Gómez 159
Carlos M. Benítez 171
Carlos Salinas de Gortari 131
Carlos Santana 46, 96
Carmen Ana Archevali 209
Cayo Julio César 109
Cerruti 101
César Suárez 201
Chapecoense 94
Charles Chaplin 82
Chasing the Flame: One Man's Fight to Save the World 111
Chef José Andrés 102, 104-105, 229
Chernobyl 233
Chile 197, 199-202
China 74
Christian Wolff 39
Circe 126

Civil Survival Project 228
Cobra Acquisitions 129
Coco 151-152
Colin L. Powell 49, 164
Colombia 94, 131
Confucio 28
Conscious Leadership 140
COVID-19 31, 57, 104, 153, 165, 183, 186-190, 192, 201, 221
Creating a World Without Poverty 103
cuatro estilos de comportamientos 41
Cuba 3, 227

cultura 996 35

D

Dale Like a tu voz por Puerto Rico 211
Danicza 200
Deutsche Welle 34
Diagrama *Fishbone* (Espina de Pescado) 115-117
DISC 40-41, 48
DISC - Maxwell Method® 48
Discovery Channel® 93
Donald Keith Ellison 129
Donald Trump 52, 132
Don Carlos Espinet 172-173
Doubleday® xiii
Dra. Florence Littauer 48
Dr. Charles Stanley 231
Dr. David R. Hawkins 233
Dr. John C. Maxwell 33, 88, 163
Dr. John G. Geier 41
Dr. John Shosky 121
Dr. Kaoru Ishikawa 117
Dr. Luis Benavé 175
Dr. Ramón A. Gadea 84, 213-216, 221-223
Dr. Ramón Emeterio Betances 32
Dr. Walter Vernon Clarke 40
Dr. William E. Deming 172
Dr. William Moulton Marston 40- 41
Dunning-Kruger 58, 229

E

Eastern Airlines 87
eBay® 113
Eclesiastés 151

Ecuador 131
Efecto de la bombilla del 401 229
Efecto de los tipos de adiestramientos en el éxito 156
Efecto Dunning-Kruger 58, 229
Efecto fundamental de la atribución 67, 229
Elbia Quiñones 55
Electra 111
El gran robo 51, 53
El Morro 31-32
El silencio de otros 102
Emilio Lozoya Austin 131
Emotions of Normal People 40
Enric Juliana 108
Enrique Peña Nieto 131
Esperanza Health Center 214
Estados Unidos 114, 131, 183, 200
ETA 4
Eurovision Song Contest: The Story of Fire Saga 65
Everglades 87

F

Facebook® 167, 216, 221
Facundo Cabral 134
Falaris 99
Felipe Calderón Hinojosa 131
Félix "El Cano" Delgado 97
FEMA 129
Fernando Trías de Bes 5
Fidel Castro 3
FIFA 131
Filadelfia 221
Finding Hope® 51
Finding Hope 2020 62
Finlandia 130
Florida 87
Forbes 21, 46
Fórmula 1 120
Frédéric Francois Chopin 16
Fred Noonan 111

G

Gabriela Cerruti 100-101
Gabriela Mistral 201
Galias 109
Game Learn Team 109

Gareth Tennant 35
Garry Kasparov 114
Gates Notes 46
gemba walk 84
General Electric 176
General Franco 102
General George Washington 109
General George J. Thompson 16
George Putnam 110
Grameen 102, 104
Guatemala 131
Guinea Ecuatorial 130

H

Hans Finzel 46
Harvey-Craig 74
Hawaii 200
HBO 52
Hewlett - Packard 114
Hibris 47, 230
hijab 62
Himera 99
Hipócrates 48
Hitler 47
Horacio Guaraní 52
Howard Schultz 114
huracán María 128, 133, 155, 167, 192, 197

I

Ilíada 126
Inglaterra 109
Invictus 152, 164
Irene Villa 4-5, 227

J

Jack Welch Jr. 176
Jacqueline L. Kennedy Onassis xiii, 234
Jean Rolex 15
Jeff Bezos 45, 105
Jesús M. Badiola 96
John Carlin 138
John Wooden 45
Jon Corzine 96
Jorge Bucay 19

Jorge Varela 100
José Mujica 34
Joseph M. Juran 172
Josué y la tierra prometida 125, 240
Juan Carlos I 132
Juan Manuel Fangio 120
Juan Somavia 103
Julio César 109
Junub Games 75
Justin Bariso 115

K

Kamala Harris 231
Kare Anderson 46
Kasparov 115
Kennedy Center 46
kintsugi 73-74, 76, 227
Kofi Annan 126, 128

L

La Era de la Post-Verdad 145-146
La Esmeralda de Chile 197
La Mafia por Dentro 93
Lars Erickssong 65
Las 21 irrefutables leyes del liderazgo 163
Las Antillas 32
Las Leyes del Éxito 7
La sonrisa de Mandela 138
Leadership Strategy® 84
Le hablo a Puerto Rico 31
Leonardy Hernández 197, 201-202
Leonor Santiago 209
Let's Not Confuse Strong Leadership with a Strong Leader 99
Londres 172
Long Island 109
Lori J. Robinson 230
Los 5 niveles de liderazgo 163
Los milagros de Jesús 52-53
Los pecados de Corzine 96
Lourdes Andino 66
Luis Inácio Lula de Silva 131

M

Madre Teresa de Calcuta 148

Madrid 4
Maero 68
Manhattan 105, 109
Marcos Covas 66
Margaret Cushing Whitman 113
María Lucía 19
Mario de Andrade 58
Mark L. Wolf 128
Mauricio Funes 131
Mejillones 200
mentor 33, 66, 79, 88, 97, 150, 164, 172-173, 222, 228
Mentoría para Líderes 163
Mérida 126, 128
México 126, 131
MF Global 96
Mi alma tiene prisa 58
Michael Corleone 230
Michael Lual Mayen 75-76
Michelin 104
Miguel Ángel Cornejo 93
Miguel Quiroga 94
Mikhail Kutuzov 110
Miriam la encorvada 53
Mohamed Hosni Mubarak 132
Moisés y los 10 mandamientos 51, 53
Moscú 109-110
Mozambique 131
Muhammad Yunus 102, 229
Myanmar 131

N

Nancy Pelosi 51
Naomi Osaka 35
Napoleón Bonaparte 109
Napoleón Hill 7
Nasrin Sotoudeh 62-63, 229
National Insurance Company 171
National Insurance Life Co. 171
Navidad 178
Nayib Bukele 132
Nelson Mandela 152
Netflix® 51, 53, 65, 102
New Shepard 105
New York 109, 172
Nueva Zelanda 130

Nuevo Testamento 179

O

Océano Pacífico 111
Odebrecht 130-131
ONU 57, 61, 128, 229
Oracle 34

P

Pablo Neruda 203
Padre Jean Rolex 15
Panamá 131
Paquito Zamora 180
Patricio Lynch 200
PEMEX 131
Pennsylvania 214
Perú 131
Pete Souza 51
Petróleos Mexicanos 131
Philip B. Crosby 172
Pixar Animation Studios® 151
Platón 20
Ponce School of Medical 213
Premio Nobel de la Paz 102, 104
Procusto 138, 229
Proverbios 151
Puerto Rico Association of Realtors® 159
Puerto Rico Toastmasters Club® 183

R

Rachel Adams 65
Rafael Ríos 174
Rajrishi Sinahal 99
Ramm 47
Ramses 51
Realtor® 167
REALTORS® 205
Recinto Universitario de Mayagüez 66
Reino Unido 113
Reorganización Nacional 100
República Dominicana 131
Ricardo Martinelli 131
Ricardo Rosselló 133
RIMPAC 200

Roberto Mares 82
Rodger Dean Duncan 21
Roma 109
Royal Marines 35
Roy Disney 148
Rubén Huertas 7, 13, 23, 35, 97, 145, 156, 163-164, 228, 269
Ruth Bader Ginsburg 70

S

Samantha Power 111
Segunda Guerra Mundial 41
Sergio Vieira de Mello 111, 229
Shon Hopwood 228
shōgun 73
Sicilia 99
sicoesclerosis 90
Sigrit Ericksdóttir 65
Simone Biles 35
Singapur 130
Siria 130
Sísifo 48
So You Want To Be a Politician 121
Stalin 47
Starbucks® 114
Steve Jobs 114
Steve Martin 52
Sudán 130
Sudán del Sur 130
Suecia 130
Suiza 130, 172
Sutra 21

T

Támesis 109
Tarra Simmons 228
The Accountant 39
The Future of Capitalism 103
The Godfather II 230
The New York Times 129
Theresa May 113
The Top Ten Mistakes Leaders Make 46, 47
The Way I See It 51
Time 100 Talks Finding Hope 51, 62
Toastmasters 205

Tony Croatto 178-179
Transparency International 133, 229
Tribble 129
TVE 104
Tzu-Kung 28

U

Uber Eats® 81
UCLA Bruins 45
Ucrania 233
Ulises 126
Una mujer en París 82
Unión Europea 113
Universidad de Puerto Rico 183
Universidad Temple de Pennsylvania 223
Uva!® 81

V

Val Demings 62
Venezuela 130-131
Vicente Fox 126
VIH 183, 214
Voces por Puerto Rico 211
VUCA-Army 108

W

Wall Street 96
Walt Disney 148
Walter Mercado 232
Warner Bros® 152
Warren Buffett 46
Wikipedia 48, 110
Will Ferrell 65
Wonder Woman 40
Workplace Intelligence 34
World Central Kitchen 104
World Championship Boxing—HBO 52

Y

Yokoi Kenji 164

Z

zar Alejandro I 109

Conoce a la autora

Conoce a la autora

Elbia I. Quiñones es fundadora y diseñadora de los programas de comunicación y liderazgo de Fast Growth International. Incorpora elementos de persuasión visual y de lenguaje no verbal en sus presentaciones presenciales como virtuales, logrando así una comunicación clara y de excelencia. Se desempeña, además, como diseñadora de presentaciones y discursos corporativos y protocolarios. Utiliza los principios orientales como método de proyección para sus presentaciones y enseñanzas, de manera que logra aumentar la retención del aprendizaje en un 70%.

Es maestra de ceremonias y animadora, oradora y presentadora de temas tales como: Tu Cuerpo Habla, El Molde que te Forma, Escucha tu Voz, El Poder de la Oratoria, Liderazgo Dondequiera, entre otros. Ayuda a los empresarios a proyectarse con poder. Le llaman "La dama de la oratoria".

Elbia también ostenta la designación de "Toastmaster Distinguida" (DTM), el más alto reconocimiento que otorga la organización Toastmasters International®, siendo la primera persona en Puerto Rico en alcanzar tan cotizado galardón por completar sus programas de comunicación y liderazgo.

Fue escritora colaboradora en el 2013 en el libro de Toastmasters, "Heart of a Toastmasters", con su historia Anything is Possible.

Es conferenciante, adiestradora y coach certificada bajo la prestigiosa organización global, The John Maxwell Team® desde el 2013. Asimismo, es analista y adiestradora certificada de comportamientos bajo el DISC Maxwell Method® desde el 2018. De igual manera, está certificada en Lenguaje Corporal y Persuasión de Knesis Institute (2018) y creadora en Puerto Rico, del Método Rápido de Crecimiento. Es autora de los libros "El Poder de la Oratoria" (2012), "Maestro de Ceremonias: Conecta con Poder" (2014), "Citas para engalanar tu oratoria" (2014), "Trilogía del Comunicador Completo" (2014) y "Liderazgo Dondequiera" (2016).

Es miembro voluntario de la Junta Asesora del Departamento de Gerencia de Tecnología de Información y Procedimiento Administrativo de la Universidad de Puerto Rico (UPRA), Recinto de Arecibo.

Le encanta leer y viajar, sobre todo descubrir nuevos tipos de audiencias, provocativas y retantes. Cree con pasión y con firmeza que los seres humanos pueden alcanzar su máximo potencial en la vida, cuando así lo desean. Para contactarla, llame al 787.378.0598 o escriba a *elbia@fastgrowthpr.com*.

La autora en un evento educativo, Oportupoly para bienes raíces, junto con su compañero Rubén Huertas

Material Educativo

El Poder de la Oratoria

ISBN 978-0-9819090-9-7

La autora Elbia Quiñones conoce exactamente lo que se siente al comunicarse con el público. Desde nerviosismo, frío, calor y sudor hasta imaginar y escuchar mariposas que revolotean en el aire, decididas a perturbar la concentración que se requiere para cumplir la gran misión de llevar un mensaje con contenido a la audiencia.

En este libro encontrarás un mundo de ideas, técnicas y sencillas historias que te ayudarán a convertirte en ese extraordinario orador que llevas por dentro. ¡El mundo necesita de tu mensaje, el mundo necesita de ti

*Disponible en Amazon.com

Maestro de Ceremonias

ISBN 978-0-9961067-0-2

Cada ceremonia transforma un evento o suceso ordinario de la vida en uno muy especial donde reina el respeto, la cortesía y el orden. Conducir eventos es una gran oportunidad de crecer y destacarse en un campo de trabajo diferente, atractivo, interesante.

Conoce los elementos esenciales para fungir como un maestro de ceremonias de altura. Desde la preparación de los libretos hasta los formularios a utilizar. Cómo colaborar cuando son dos los maestros de ceremonia. Domina la pronunciación, la respiración y hasta cómo alimentar tu voz. Aprende las técnicas de los más famosos y utiliza las muchas herramientas que en este libro se comparten.

*Disponible en Amazon.com

Citas para Engalanar tu Oratoria

ISBN 978-0-9961067-2-6

En este libro, el lector encontrará expresiones o mensajes que denotan actitudes hacia la vida, consejos para ser una mejor persona y lecciones para triunfar o manejar las experiencias que nos hacen crecer cuando pensamos o creemos que hemos perdido en la vida. Cada lección nos acerca más a la evolución positiva de nuestro carácter y de nuestra grandeza.

Para los que hacen presentaciones, estas citas le permiten generar focos de atención en distintos momentos de sus discursos. Asimismo, le ayudan a compartir la sabiduría de quienes le han precedido y le iluminan para caminar con elegancia en la oratoria al igual que en otras formas de comunicación.

*Disponible en Amazon.com

El Comunicador Completo

ISBN 978-1-5060002-0-6

Este libro es una trilogía de los libros: El Poder de la Oratoria, Maestro de Ceremonias y Citas para Engalanar tu Oratoria. Esta magnífica obra compila todo este material en orden lógico y práctico para fomentar el entendimiento completo durante el proceso de la comunicación.

En este volumen compilado, se ofrece al lector exactamente el orden a seguir para desarrollar y pulir cada día más sus habilidades como comunicador. Este será su manual de referencia que siempre tendrá a la mano para cuando surja alguna duda, poder aclararla. Forma también un excelente texto para cursos o clases de comunicación tanto para estudiantes universitarios como para ejecutivos del mundo corporativo.

*Disponible en Amazon.com

Liderazgo dondequiera

ISBN 978-0-99611067-6-4

El liderazgo se encuentra dondequiera. No es solo de aquí ni de allá. Tampoco pertenece a un solo lugar o región. No pertenece solo a los ricos o a los pobres. No pertenece solo a los educados formalmente o aquellos educados formados por la mejor escuela, la vida misma. Es de todos. Lo vemos en cada rostro humano que se lidera a sí primero y luego influye en otros para añadir valor a sus vidas, para transformar sus pensamientos y acciones.

En este libro comparto historias de seres que se conectaron en mi camino de vida con un propósito. Me hicieron entender que el liderazgo está dondequiera, que sus fundamentos y principios se viven en todas partes. Comienza a ver que el liderazgo sí está dondequiera.

*Disponible en Amazon.com

Desarrollo Personal
El Método más Efectivo para Alcanzar el Éxito

ISBN 978-0-9819090-0-4

El desarrollo personal es la clave para todo crecimiento de negocio, industria o como individuos. Sin embargo, a veces solemos perder nuestro enfoque y no logramos alcanzar aquello que tanto anhelamos.

Reconociendo que hoy día vivimos una vida muy atareada y que pocas veces tenemos el tiempo necesario para reflexionar, este libro nos ofrece las herramientas necesarias para enfocarnos hacia la consecución de nuestros deseos y objetivos.

*Disponible en Amazon.com

Batteries Not Included

ISBN 978-0-9819090-3-5

When awareness comes in, programming goes out. The problems are inside yourself, not outside. The answer is within you, waiting for the question. As human beings, we are here on earth to evolve. We start out learning everything there is to learn in order to function properly within the rules of society.

However, in order to achieve true growth, it is vitally important for us to "unlearn" many of the things that society has so successfully ingrained within our minds. It is only after we have broken free of our programming that we are ready to wake up to life. Happiness is to be found along the way, not at the end of the road, for then the journey is over and it is too late.

100 Estrategias
para Triunfar en Bienes Raíces

ISBN 978-0-9819090-1-1

Todo profesional necesita estrategias efectivas para aumentar su productividad. El material presentado en este libro ofrece de forma concisa 100 estrategias que lo ayudarán a pulir su práctica. Llévelo consigo y repase las estrategias que más apliquen a su necesidad actual. Produzca más, aplicando estrategias sencillas. Descubra el secreto de los corredores más exitosos.

*Disponible en Amazon.com

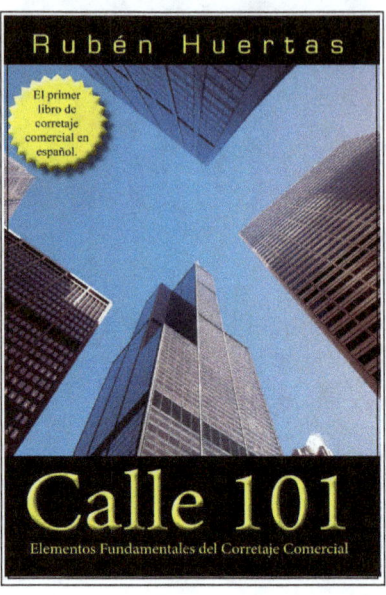

Calle 101
Elementos Fundamentales del Corretaje Comercial

ISBN 978-0-9819090-4-2

Calle 101 es un excelente libro de texto y referencia sobre el corretaje comercial de bienes raíces comerciales. Este ilustra los conceptos básicos que rigen esta campo tan especializado. El lector aprenderá a identificar cuáles son los prospectos en los que debe enfocarse para obtener ventas exitosas y lucrativas.

El libro abunda en ejemplos de la vida real y muestra conceptos difíciles, de forma sencilla. El corretaje comercial de bienes raíces ofrece una de las oportunidades más completas para alcanzar el éxito a través del crecimiento personal, profesional y financiero del individuo. Se considera este una de las actividades empresariales más puras que existen en nuestra sociedad.

*Disponible en Amazon.com

El Inversionista Inteligente
Elementos Fundamentales de las Inversiones en Bienes Raíces

ISBN 978-0-9819090-5-9

Las inversiones en bienes raíces representan una de las formas más efectivas para acumular y preservar riquezas. Las grandes fortunas siempre han contado con una porción significativa de activos en bienes raíces comerciales.

Sin embargo, es importante conocer y dominar los distintos indicadores de valor y rendimiento que representan la rentabilidad real obtenida de una inversión inmobiliaria. Logramos esto, a través de la educación y la práctica. En este libro se presentan los indicadores fundamentales para analizar correctamente y con precisión todo tipo de inversiones en bienes raíces comerciales.

*Disponible en Amazon.com

La Sabiduría del Liderazgo

ISBN 978-0-9961067-1-9

Muchas veces un pensamiento, frase o comentario puede representar una gran enseñanza de vida, muy superior a cualquier clase, taller, seminario o curso. Ese es el poder de las frases. El liderazgo es un proceso que nunca termina. Estas frases pudieran ser el catalítico que impulse tu crecimiento a través de la acción intencional, producida como resultado de un entendimiento más claro de todo aquello que nos rodea.

Este libro de frases sobre liderazgo tiene el poder de impregnar el deseo de superación y excelencia a la vez que te invita a la reflexión y acción inmediata dirigida a maximizar tu producción.

*Disponible en Amazon.com

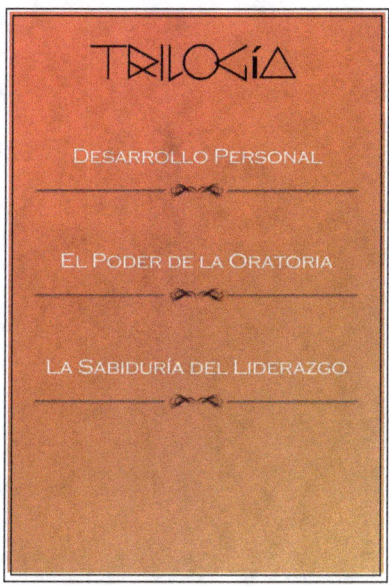

Trilogía

ISBN 978-1-5009809-4-8

Una exquisita compilación de tres libros. Desde los principios básicos del desarrollo personal a través de la profundización interior que solidifica nuestro sentido de comunicación hasta la exteriorización de nuestro liderazgo mediante frases inspiradoras que te ayudarán a crecer como profesional.

Esta compilación es una edición limitada de tres de nuestros libros más vendidos para comenzar un plan de desarrollo personal y profesional. 590 páginas de puro crecimiento lleno de ideas, estrategias y recursos de formación, dirección e inspiración al más alto nivel.

*Disponible en Amazon.com

La Evolución de un Líder

ISBN 978-0-9961067-3-3

Se dice que los seres humanos hemos nacido para "un momento de gloria". Una ocasión donde, en un breve momento, aquello que es objeto de nuestra influencia, experimenta una transformación total y el mundo nunca vuelve a ser el mismo. ¿Cuándo será ese momento de gloria? No lo sabemos. ¿Dónde será ese momento de gloria? Tampoco lo sabemos.

Lo que sí sabemos es que todo en la vida, nos va preparando para ese momento tan especial. La formación de un líder es vital para prepararnos para la magnitud y el alcance de dicho momento de gloria. Mientras mejores preparados estemos, dentro de las disciplinas y funciones del liderazgo, mayor será el impacto que logremos cuando nuestro momento de gloria finalmente llegue. Este libro presenta los elementos fundamentales para la evolución de un líder.

*Disponible en Amazon.com

Mentoría para Líderes
La Biblia del Liderazgo

ISBN 978-0-9961067-7-1

En este libro les presento 76 lecciones cortas de algún aspecto del liderazgo. En su esencia más pura, estas lecciones representan experiencias de la vida real que pueden ser transferidas a un sinnúmero de situaciones por las cuales usted haya pasado, esté pasando o pasará en el futuro.

Mi intención es proveer al lector una caja de herramientas para manejar de la mejor manera posible estas situaciones cuando aparezcan. Amo el liderazgo. He logrado entender que el liderazgo es la misma vida. Usted no tiene que trabajar con gente para ser líder. La pregunta que tiene que hacerse todos los días es: ¿cuál es mi aportación de hoy que permitirá que mi influencia y aportación a la sociedad continúe?

*Disponible en Amazon.com

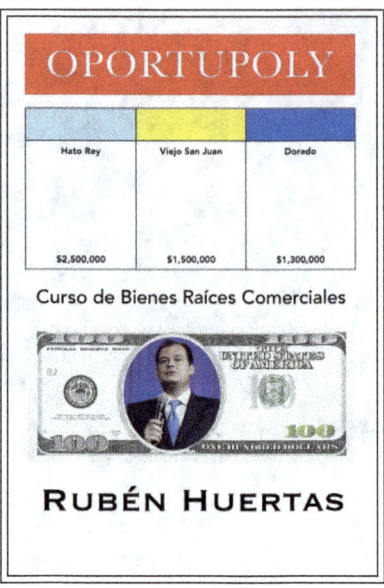

OPORTUPOLY

ISBN 978-1-0892150-3-5

La industria de los bienes raíces ofrece una amplia variedad de oportunidades. Sin importar su estilo de personalidad, historial profesional o preparación académica, existe una gran oportunidad para usted dentro de nuestra noble industria. Lo importante es profundizar en los distintos temas disponibles hasta encontrar aquellos que sean afín con usted y complementen su estilo de vida.

En este libro continuamos con el movimiento de conciencia social y profesional que aporta de manera magnánima con ánimo y tesón a la industria de los bienes raíces comerciales para obtener la prosperidad y abundancia, resultado de una buena aplicación de los principios a ser discutidos en este libro.

*Disponible en Amazon.com

Diseña tu Carrera de Bienes Raíces

ISBN 979-8-6360198-9-3

Decidir incursionar en la industria de los bienes raíces representa asumir responsabilidad total por nuestra vida, por nuestro futuro. Los bienes raíces se consideran una de las formas de empresarismo más puro que existe en nuestra sociedad. Este manual es muy sencillo. La idea es que poco a poco vaya trabajando para convertir su esfuerzo en un negocio que puede crecer indefinidamente y requerir cada día menos y menos de su tiempo y esfuerzo personal.

No confunda la sencillez con el poder de transformación que conocer cómo levantar un negocio tiene. Las herramientas que aquí se presentan han sido probadas infinidad de veces por los más exitosos productores de nuestra industria.

*Disponible en Amazon.com

Financiamiento Comercial

ISBN 978-0-9961067-4-0

El financiamiento es la mano invisible que guía la economía de la sociedad. Sin embargo, es menester conocer cómo funciona el sistema para proceder con expectativas reales de éxito. El objetivo de este libro es brindar luz y llevar al cliente de la mano a través del proceso de financiamiento comercial a la vez que creamos conciencia sobre los principios y fundamentos que hacen de todo negocio uno exitoso.

Las métricas necesarias para alcanzar un financiamiento exitoso son las mismas que se utilizan para la operación de un negocio próspero.

*Disponible en Amazon.com

Rituales del Éxito

ISBN 978-0-9961067-8-8

Muchos hemos escuchado la célebre frase de Gandhi: "Sé el cambio que quieres ver en el mundo." Es una frase hermosa y llena de sabiduría. Otra frase también famosa se le acredita a Sócrates: "Una vida sin examen no merece la pena ser vivida." Esta nos invita a reflexionar sobre nuestra vida con el objetivo de mejorarla.

El tema que analizaremos en este libro es la autodecepción. Esta es una especialización dentro del tema general de liderazgo. Cuando profundizamos en el estudio de liderazgo, descubrimos que la autodecepción es un aspecto importantísimo al momento de dominar nuestra condición humana. Este libro le servirá como una especie de ojos objetivos que le ayudarán a verse, conocerse y transformarse si se da a la tarea de incorporar a su vida los ejercicios diarios que le ayudarán a despertar de la tiniebla de la vida.

*Disponible en Amazon.com

Colofón

El Despertar de la Conciencia de un Líder

Cubierta realizada por Sam Smith. Diagramación interior realizada por Power Publishing Learning Systems™. La tipografía interior de los párrafos es Adobe Minion Pro Regular, de 12 puntos. La tipografía interior de los títulos es Adobe Minion Pro Semibold, de 22 puntos. La tipografía de la página de Derechos de Autor es Avenir Regular, de 10 puntos. La tipografía del título "Otros libros por Elbia Quiñones Castillo" es Avenir Medium, de 12 puntos. El libro fue diagramado y producido utilizando Adobe InDesign CS5.5. El texto está plasmado en tinta negra sobre papel crema de 55 libras.

www.ingramcontent.com/pod-product-compliance
Lightning Source LLC
Chambersburg PA
CBHW050431240426

43661CB00055B/2345